Alexander Smola

DAS UMKEHRPRINZIP

Alexander Smola hat Germanistik, Geschichte und Geografie studiert, nach dem Staatsexamen verschiedene wissenschaftliche Nebentätigkeiten ausgeübt und promoviert. Er war in mehreren Berufen erfolgreich tätig, zuletzt als Tiefenpsychologe in eigener Praxis und an einer Psychologischen Beratungsstelle.

Alexander Smola

DAS UMKEHRPRINZIP

Eine zeitlos taugliche Wunderwaffe

Bibliografische Information der Deutschen Nationalbibliothek:
Die Deutsche Nationalbibliothek verzeichnet diese Publikation
in der Deutschen Nationalbibliografie; detaillierte Daten
sind im Internet über http://dnb.dnb.de abrufbar.

Alexander Smola, »DAS UMKEHRPRINZIP,
Eine zeitlos taugliche Wunderwaffe«
Copyright © 2016 Alexander Smola
Covermotiv: Bilderdienst 123RF 10477770
CreateSpace Independent Publishing Platform
ISBN-13: 978-1533634238
ISBN-10: 1533634238
Alle Rechte vorbehalten.

Worum geht es?

In den letzten dreißig Jahren habe ich mich eingehend mit dem von mir so benannten Umkehrprinzip befasst. Ich bin der Frage nachgegangen, warum diese Verhaltensweise in der Individual- und Sozialpsychologie weitgehend vernachlässigt wird, obwohl sie in allen Bereichen des menschlichen Lebens tagtäglich in die Augen springt und wir selbst ausgiebig davon Gebrauch machen. Meine Erkenntnisse habe ich uneingeschränkt bestätigt gefunden und lege sie nun erstmals der Öffentlichkeit vor.

Das Umkehrprinzip besagt, dass eine passiv erlittene Situation der Schwäche und Unterlegenheit in eine Position der Stärke und Überlegenheit umgekehrt wird. Der Ursprung dieses allgegenwärtigen und aller Orten anzutreffenden Vorgangs liegt, empirisch nachweisbar, im frühesten Eltern-Kind-Verhältnis, wo die Erwachsenen unbewusst ihre aus der eigenen Kindheit kommenden Unterlegenheitsgefühle mithilfe des Umkehrprinzips an das Kind delegieren, das dann in der Folgezeit auf ähnliche Weise versucht, sich im Verhältnis zu Geschwistern und Gleichaltrigen, zu seinen Eltern, Lehrern und anderen Erwachsenen in eine aktiv-beherrschende Rolle zu bringen.

Die Verinnerlichung und Festigung des Umkehrprinzips wird befördert durch das Entgegenkommen mächtiger gesellschaftlicher Verstärker. In unserem Umfeld ist das Umkehrverfahren in allen sozio-ökonomischen Strukturen fest verankert: Es wird in einem komplexen Wechselspiel individueller und kollektiver Varianten unablässig am Leben erhalten. Die Weltgeschichte ist seit Jahrtausenden eine Horrorveranstaltung des Umkehrprinzips. Es ist unausrottbar und vorrangig ein Instrument der Macht, das sich aus psychischen Wurzeln speist. Spirituelle, reformpädagogische, ökologische, pazifistische und geschlechterdemokratische Bestrebungen sind in aller Regel darauf bedacht, die destruktiven Auswirkungen des Umkehrprinzips einzuschränken. Es geht darum, der trickreichen Mimikry dieses Chamäleons auf die Spur zu kommen.

Zwischen Gewohnheit und kollektiver Blindheit

Wenn wir im Auto sitzen, denken wir normalerweise nicht über die Gründe des Rechtsverkehrs nach. Er ist uns so sehr zur Gewohnheit geworden, dass wir ihn ganz selbstverständlich hinnehmen. Die meisten Länder der Erde haben Rechtsverkehr. Warum sollten wir also eine buchstäblich »eingefahrene« und bewährte Regelung zum Gegenstand grundsätzlicher Überlegungen machen? Wird das Grundlegende ausgeblendet, dann richtet sich der Blick nur noch auf Einzelheiten des Problems: auf Fahrbahnen, Überholspuren, Rechts- und Linksabbieger, Vorfahrtsregeln, Gesichtsfelder, die Fahrer- und Beifahrerseite, auf Straßenmarkierungen und Verkehrsschilder. Diese Fragmentierung verhindert, dass wir uns die eigentliche Verursachung all dieser Folgen vor Augen führen. Erst wenn wir nach London kommen, machen wir uns entsprechende Gedanken.

Ganz ähnlich verhält es sich mit dem Umkehrprinzip. Es ist uns so vertraut und zur Gewohnheit geworden, dass es sich der bewussten Wahrnehmung entzieht. Es hat nicht mal einen Namen. Die Bezeichnung stammt von mir. Der Psychologie ist dieser Begriff bislang fremd, auch den Gesellschaftswissenschaften, soweit ich sehe. Ist das nicht seltsam? Täglich begegnen wir diesem Umkehrprinzip und praktizieren es in unterschiedlichen Varianten und Größenordnungen selbst, ohne ernsthaft darüber nachzudenken.

Selbst die Wissenschaften haben sich nur beiläufig mit diesem wichtigen Phänomen befasst. Erstaunlich, wenn man bedenkt, welch schädliche Auswirkungen das Umkehrprinzip in vielen gesellschaftlichen Bereichen hat, angefangen bei den Familien, bis hin zur großen Politik und den globalen Folgen. Auch hierfür ist die genannte Fragmentierung verantwortlich. Zwar haben einzelne Fachdisziplinen, wie etwa die Psychologie und Psychotherapie, die Soziologie, die Politikwissenschaften und andere aus einer begrenzten Sicht heraus einzelne Aspekte längst beforscht und beschrieben; auch ist das Verfahren, wie bestimmte Redewendungen belegen, im täglichen Umgang der Menschen wohlbekannt. Doch nirgends werden die einzelnen Erscheinungsweisen im Zusammenhang gesehen und auf den Nenner gebracht. Ein auffälliges Paradox.

Je nach Blickwinkel und fachwissenschaftlichem Interesse erscheint das Umkehrprinzip als Wille zur Macht, als Durchsetzungsvermögen, als Beziehungsschaukel, Sündenbock, Geltungssucht, Minderwertigkeitskomplex, männlicher Protest, Überlegenheitsgefühl, Profilierungsgehabe, Ranking, Verdrängungswettbewerb, Konkurrenzstreben, krankhafter Ehrgeiz, vertikale Mobilität, Aufstiegswille, Hackordnung, fachwissenschaftliche Abgrenzung, Kalter Krieg, Instanzenzug, Karriereleiter, Chefetage, als Feindbild-Projektion, Chauvinismus, Revanchismus, Erbfeindschaft, Rassenwahn, Endsieg, Erste und Dritte Welt, Ausbeutung, Klassenkampf, Machismo und Geschlechterkampf, Machtkirche, Ketzerverfolgung, Inquisition und Folter, globale Umweltzerstörung und Holocaust.

Hinter all diesen Begriffen (und vielen mehr) kann mühelos das Umkehrprinzip ausgemacht werden. Die Methode ist stets die gleiche: Aus (vermeintlich!) schwach mach (vermeintlich!) stark! Wie schon erwähnt, ist das Erstaunlichste an diesem Umkehrverfahren, dass es bislang, soweit ich sehe, weder in seiner Verursachung, noch in seinen schädlichen Auswirkungen und der durchgängigen Dynamik seiner Erscheinungsweisen im Zusammenhang gesehen und behandelt wurde. Das muss gewichtige Gründe haben. Die Fragmentierung des Problems muss im Interesse der Aufrechterhaltung dieses Umkehrverfahrens liegen. Jeder, der will, kann sich von der Allgegenwart des Umkehrprinzips überzeugen, im eigenen Denken und Handeln, durch die Beobachtung anderer Menschen im privaten Austausch oder in der Familie, in der Schule, am Arbeitsplatz oder in der Tagespolitik.

Zunächst geht es also darum zu klären, worin diese kollektive Blindheit begründet ist. Wie kommt es zu dieser Verdrängung und Verleugnung des Offensichtlichen? Jeder kennt es, aber niemand scheint davon Kenntnis zu nehmen. Wo liegen die Ursprünge? Aus welchen Quellen speist es sich? Gibt es bestimmte Voraussetzungen für seine Entstehung und Verbreitung? Worin liegen die tieferen Ursachen? Welche Funktion hat diese auffällige Fragmentierung, die keinen inneren Zusammenhang mehr erkennen lässt? Wem nutzt dies? Die Vermutung liegt nahe, dass diese tarnende Zerstückelung etwas mit Angst und Macht zu tun haben könnte. Wir werden sehen. Die Suchaktion beginnt.

Erste Erkenntnisse

Kurioserweise kam ich auf das Umkehrprinzip, als ich es in einer peinlichen Situation aus dem Bauch heraus selbst erfand. Der Vorfall ereignete sich kurz nach meinem Abitur auf dem Weg zur Nachtschicht in einer Filzfabrik. Auf halber Strecke befand sich ein Feld, auf dem ein Bauer aus unerfindlichen Gründen reihenweise Kopfsalat angepflanzt hatte. Hunderte Köpfe Salat. Und zu meiner Schande sei es gestanden: Öfter mal schnitt ich dort für meine Mutter den einen oder anderen davon ab und hatte dafür sogar eigens ein Messer in meiner zerknautschten Aktentasche.

Gerade als ich zwei Köpfe abgesäbelt hatte, kam im Dunkeln ein Auto ohne Licht mit abgestelltem Motor den asphaltierten Abhang herabgerollt. Weil mir nichts Gutes schwante, ließ ich das Messer und die Salatköpfe fallen und stellte mich mit gespreizten Beinen hin, als wäre ich nach vollbrachter Tat gerade dabei, mein bestes Stück wieder einzupacken. Schon hielt das Auto neben meinem abgestellten Fahrrad. Ein Hüne sprang heraus, brüllte: »Hab ich dich endlich, du Hund!«, und griff auch schon nach meiner Aktentasche, die lose auf dem Gepäckträger des Fahrrads lag, um sie als Beweis an sich zu reißen.

Ein entscheidender Fehler. Denn schon brüllte nun ich im Gegenzug los. Was ihm einfiele, mir ans Eigentum zu gehen. Er solle gefälligst seine Pfoten von meiner Aktentasche und meinem Fahrrad nehmen. Man werde ja wohl noch pinkeln dürfen. Der Hüne war sichtlich verlegen, nahm unverzüglich die Finger von meiner Mappe und stieg wutschnaubend in sein Auto mit der Drohung, mich irgendwann bestimmt noch zu erwischen. Wie denn, du Blödmann?, sagte ich mir, wenn du zu doof bist, die abrasierten Köpfe auf dem Acker zu suchen, und freute mich diebisch über den gelungenen Streich. Allerdings haben mir hinterher noch eine ganze Weile vor Angst die Knie gezittert. Das Muster meiner Reaktion war denkbar einfach: Wenn du im Unrecht bist und eine Schwachstelle bei deinem Angreifer entdeckst, dann mach sie dir umgehend zunutze.

Zwei Jahre später geschah etwas ganz Ähnliches. Da wollte ich von München aus meine Freundin nahe Marburg besuchen. Im goldenen Oktober verbrachte Nicole eine Woche in Waldeck. Sie nutzte das vorübergehend leerstehende Appartement einer Freundin, um sich bei dieser Gelegenheit in Richtung Göttingen vorzutasten, falls sie dort mal studieren sollte. Wir vereinbarten, dass ich nachkommen würde. Ich hatte zwar weder das Geld für eine lange Bahnfahrt, noch ein Auto, dafür jedoch einen unbändigen Tatendrang. Jede Gelegenheit war mir recht, in die Welt zu kommen. Also stellte ich mich an die Autobahn. Das Trampen war mir längst zur Gewohnheit geworden. Das klappte immer. Ohne Ausnahme. Auch wenn da bereits zehn andere standen, kam ich so gut wie immer als Erster weg. Woran das lag, habe ich nie herausgefunden. Auch diesmal lief es so. Noch dazu waren es anfangs zwei ungewöhnliche Typen in Folge, die mich mitnahmen.

Zuerst von München aus der Chefkonstrukteur von Audi höchstpersönlich Der checkte einfach so zum Spaß, wie er mir bestens gelaunt erzählte, seine neueste Errungenschaft, ein rassiges Sportcoupé. Er ließ durchblicken, dass er im Zweiten Weltkrieg Jagdflieger gewesen sei und das Risiko liebe. Und so fuhr er auch, lässig mit nur zwei Fingern sein Geschoss lenkend. Mit hundertneunzig rasten wir über die Autobahn. Wir hatten die Überholspur gepachtet und das war ein irres Gefühl. Keiner schaffte es, uns auf der langen Strecke zu überholen. In weniger als einer Stunde waren wir in Ulm. Weit schneller, als es mit dem Zug möglich gewesen wäre. Dort lud er mich ab und fuhr zurück.

Kurz darauf ein piekfeiner Mercedesbonze, der mir einschärfte, etwas aus meinem Leben zu machen und nur eine reiche Frau zu heiraten. Wie man sich bette, so liege man. Und wenn er »reich« sage, dann meine er nicht eine Frau mit einem kleinen Einfamilienhaus, sondern mit Liegenschaften, einer

Firma oder zumindest einer luxuriösen Villa im Grünen mit einem großen Swimmingpool und einer Pferdekoppel.

Bis Karlsruhe lief alles wunschgemäß. Zum Glück, war es doch eine ziemliche Ochsentour, an die fünfhundert Kilometer, die ich an diesem Tag schaffen musste. Unterwegs übernachten wollte ich auf keinen Fall. Doch ausgerechnet dort, wo sich nun die Autobahn in verschiedene Richtungen verzweigte, hatte mich der Knilch in einer Zubringerschleife abgesetzt. Da war das Halten dummerweise verboten. Und tatsächlich: Kaum stand ich dort, kam auch schon eine Polizeistreife mit nicht weniger als vier Polizisten angefahren. Einer besah sich meinen Pass und wurde stutzig, denn da hatte ich eine Seite herausgerissen. Ich erklärte ihm, dass ich auf die fehlende Seite dummerweise mal das Maßwerk eines gotischen Fensters gezeichnet hätte. Er glaubte mir zwar so halbwegs, forderte mich jedoch dazu auf, mich innerhalb von vierzehn Tagen auf der Polizeidienststelle meines Wohnorts zu melden und einen neuen Pass zu beantragen. Zugleich wies er mich an, schnellstens aus dem Autobahnzubringer zu verschwinden. Hier zu stehen sei streng verboten. Andernfalls müsse ich mit einer Anzeige rechnen. Also verzog ich mich und die Bullen fuhren davon.

Als sie außer Sichtweite waren, stellte ich mich wieder in die Schleife und meinen kleinen Koffer deutlich sichtbar vor mich hin. Ich stand gerade mal ein paar Minuten, da kamen die Typen auch schon wieder angeschossen. Die Fahrweise versprach nichts Gutes. Mit deutlich überhöhter Geschwindigkeit hielt der Mercedes genau auf mich zu, dermaßen schnell, dass er mich beim Bremsen fast auf den Kühler verladen hätte. Die Stoßstange berührte bereits meinen Koffer. Geistesgegenwärtig begriff ich meine Chance und ballerte ungehemmt los, was ihnen einfiele, mich fast über den Haufen zu fahren und meinen Koffer einzudellen. Der Fahrer war sichtlich verlegen und machte die Andeutung einer Entschuldigung, während es sein Kollege bei einer erneuten Verwarnung beließ und auf die angedrohte Anzeige verzichtete. Ich reagierte so schnell, weil mir in diesem Augenblick die Story der abgeschnittenen Salatköpfe durch den

Kopf schoss. Diese List eines blitzschnellen Gegenangriffs hatte auch jetzt bei der Polizeistreife ihre Wirkung nicht verfehlt und war nun gleichsam amtlich bestätigt.

Noch hatte dieses Verfahren für mich keinen Namen. Ich erkannte lediglich, dass es in Situationen der Bedrängnis prächtig funktionierte, um aus einer Bredouille herauszukommen. Meine Neugier war erwacht.

So konnte ich zu meiner Verwunderung schon wenig später dieses Umkehrverfahren bei einem erst vier Jahre alten Mädchen beobachten. Noch war ich von einem tieferen Verständnis dieser Verhaltensweise weit entfernt, doch bin ich heute davon überzeugt, dass die folgende Geschichte meine Wahrnehmung entsprechender Vorkommnisse nachhaltig befördert hat, zeigt dieses Beispiel doch eindrücklich, wie sich erzieherischer Fremdzwang schon frühzeitig zu einem pathologischen Selbstzwang umformt; wie ein Kind reaktiv beginnt, dieses Umkehrverfahren zu verinnerlichen und gewohnheitsmäßig in seinen Charakter einzubauen.

Ich wohnte als Student in Untermiete bei einer Familie mit zwei kleinen Kindern. Als ich dort einzog, war Klein-Anja gerade drei Jahre alt geworden. In dem einen Jahr, das ich dort verbrachte, begann die Kleine massiv zu stottern. Zugleich zeigte sie bei ihren häufigen Stippvisiten in meiner Dachstube zunehmend die Eigenart, mich penetrant und reichlich altklug darauf hinzuweisen, was ich alles nicht dürfe. Es war eine ganze Menge. Die kleine Kritikasterin stand mitten im Raum und beanstandete, dass die Schuhe nicht auf einer ausgelegten Zeitung stünden und den Boden verschmutzten; dass die Jacke auf dem Bett lag und nicht im Kleiderschrank hing; dass die Bücher ungeordnet den ganzen Tisch bedeckten und dass da ein kleiner Papierfetzen auf dem Parkett lag. Zusehens verlor die Kleine an emotionaler Farbigkeit und Spontaneität. Was ging da vor? Woher kamen diese auffälligen Veränderungen? Warum behandelte sie mich, als wäre ich i h r ungezogenes Kind?

Die Eltern hatten ein Jahr vor meinem Einzug das kleine Reihenhaus gekauft, das sie jetzt im Rahmen ihrer bescheidenen finanziellen Möglichkeiten auf Hochglanz brachten. Jede freie Stunde wurde auf die Erneuerung und Verschönerung des Hauses verwendet. Der Garten war zwanghaft gepflegt. Zunehmend hatte ich in diesem Haus das Gefühl, räumlich, geistig und emotional beengt zu sein. Zwar war unbestreitbar, dass die Eltern das Beste für ihre beiden Kinder wollten, aber diese kleinbürgerliche Enge hatte zwangsläufig einen einschränkend-verbietenden Erziehungsstil zur Folge.

»Anja, lass das!«
»Mach dein Kleid nicht schmutzig!«
»Nicht durch die Beete laufen!«
»Putz dir die Schuhe ab!«
»Nein, nicht die Blume pflücken!«
»Anja, leiser und nicht so wild!«
»Ich hab dir doch gesagt, du sollst die Hände waschen!!«
»Und putz dir die Nase!«
»Anja, nicht so laut!«

So ging das die ganze Zeit. Immer wieder wurde ich Zeuge von Strafaktionen. Hatte Anja trotz des Verbots eine Blume gepflückt, so ertönte ein Schrei der Mutter. Anja musste zu ihr laufen und ihr die Arme mit dem Handrücken nach oben hinstrecken. Die Mutter schlug dann so fest sie konnte drauf. Wollte Anja daraufhin ihrem Schmerz schreiend Ausdruck geben, so kam der Befehl »Mund zu!« Kam die Kleine dieser unsinnigen Aufforderung nicht nach, setzte es neue Schläge. Mehrfach lief Anja bei diesen Exekutionen blau an. Die brutale Unterdrückung der Schmerzäußerungen erfolgte nach meinen Beobachtungen nicht nur infolge sadistischer Neigungen der Mutter, die an Anja ihren Ehefrust abreagierte, sondern auch mit Rücksicht auf die angrenzende lärmempfindliche Nachbarschaft der kleinkarierten Reihenhaussiedlung.

Im Umkehrverfahren leitete die Mutter den Außenzwang und ihren eigenen Selbstzwang - ihre unterdrückte Wut - auf das Kind ab, das nun seinerseits auf den erzieherischen Druck symptomatisch reagierte: gegen sich selbst und im Umkehrverfahren nach außen. Anja entwickelte als Symptom das Stottern, das den unterdrückten Schmerz und die verhaltene Wut selbstschädigend durch eine Blockierung vitaler Affekte zum Ausdruck brachte - ein deutliches Signal, dass da im seelischen Haushalt etwas nicht mehr stimmig war. Gleichzeitig wurde bei ihr eine rigide Über-Ich-Struktur auffällig, die im Umkehrverfahren bei sich selbst wie auch bei anderen spontane Impulse verbot und sie so vorzeitig zu einer kleinen Erwachsenen werden ließ. Bereits mit vier Jahren musste sie nun andere (wie etwa mich) erzieherisch kontrollieren und zurechtweisen, um ihr Selbstwerterleben aufzubessern. Wies sie andere auf deren Unarten, Fehler und Versäumnisse hin, dann konnte sie das beruhigende Gefühl haben in Ordnung zu sein.

Ich nenne die erzieherische Einwirkung auf das Kind, die in aller Regel in einem offenen oder verschleierten Gewaltverhältnis gründet, *das primäre Umkehrprinzip*, das so gut wie immer im Kind - reaktiv - *das sekundäre Umkehrprinzip* in Gang setzt. Das Beispiel zeigt die Verzahnung des primären und des sekundären Umkehrprinzips bzw. die Entstehung der Sekundärform. An diesem drastischen Fall wird auch die schnelle Fortpflanzung des Verfahrens deutlich. In weniger als einem Jahr ist es bei Anja bereits fest verankert und beginnt sich charakterlich zu verfestigen. Ich treffe diese Unterscheidung einer primären und einer sekundären Form, weil ich bislang im Alltag wie auch in meiner therapeutischen Arbeit noch keinem einzigen Kind begegnet bin, bei dem sich die Ausbildung der Sekundärform nicht mühelos auf primäre Formen im Eltern-Kind-Verhältnis oder anderer außergewöhnlicher Umstände zurückführen ließ. Der Ursprung des Umkehrverfahrens ist demnach in der frühen Kindheit zu suchen und hat etwas mit dem erzieherischen Umgang der Erwachsenen mit dem Kind zu tun.

15

Eine Spielbeobachtung Sigmund Freuds

Das letzte Beispiel hat bis ins vierte Lebensjahr zurückgeführt. In der psychoanalytischen Literatur gibt es ein Musterbeispiel für das Umkehrprinzip, das noch früher angesiedelt ist. Es handelt sich um die einzige überlieferte Spielbeobachtung aus der Feder Sigmund Freuds, fast beiläufig eingefügt in die Abhandlung *Jenseits des Lustprinzips* von 1920 (GW 13, S. 3 ff.). Die Studie ist sehr spekulativ und verfolgt das Ziel, den Todestrieb zu revidieren. Sie behandelt vor allem das Konzept des Wiederholungszwangs und begründet den Gegensatz von Eros und Todestrieb, der bis heute umstritten ist. Nachdem Freud sich zunächst mit den Fixierungen an eine traumatische Neurose auseinandersetzt, wie sie nach dem Ersten Weltkrieg massenhaft zu beobachten waren, geht er dazu über, »die Arbeitsweise des seelischen Apparates an einer seiner frühzeitigen normalen Betätigungen zu studieren«, nämlich am Kinderspiel. Welche Motive bestimmen das Kinderspiel? Geht es dabei vor allem um den Lustgewinn? Um diese Fragen zu klären, fügt Freud die erwähnte Spielbeobachtung ein, die für ein tieferes Verständnis des Umkehrprinzips aufschlussreich ist.

> »Ich habe, ohne das Ganze dieser Erscheinungen umfassen zu wollen, eine Gelegenheit ausgenützt, die sich mir bot, um das erste Spiel eines Knaben im Alter von 1½ Jahren aufzuklären. Es war mehr als eine flüchtige Beobachtung, denn ich lebte durch einige Wochen mit dem Kinde und dessen Eltern unter einem Dach, und es dauerte ziemlich lange, bis das rätselhafte und andauernd wiederholte Tun mir seinen Sinn verriet. Das Kind war in seiner intellektuellen Entwicklung keineswegs voreilig, es sprach mit 1½ Jahren erst wenige verständliche Worte und verfügte außerdem über mehrere bedeutungsvolle Laute, die von der Umgebung verstanden wurden. Aber es war in gutem Rapport mit den Eltern und dem einzigen Dienstmädchen und wurde wegen seines »anständigen«

Charakters gelobt. Es störte die Eltern nicht zur Nachtzeit, befolgte gewissenhaft die Verbote, manche Gegenstände zu berühren und in gewisse Räume zu gehen, und vor allem anderen, es weinte nie, wenn die Mutter es für Stunden verließ, obwohl es dieser Mutter zärtlich anhing, die das Kind nicht nur selbst genährt, sondern auch ohne jede fremde Beihilfe gepflegt und betreut hatte. Dieses brave Kind zeigte nun die gelegentlich störende Gewohnheit, alle kleinen Gegenstände, deren es habhaft wurde, weit weg von sich in eine Zimmerecke, unter ein Bett usw. zu schleudern, sodass das Zusammensuchen seines Spielzeugs oft keine leichte Arbeit war. Dabei brachte es mit dem Ausdruck von Interesse und Befriedigung ein lautes, langgezogenes o-o-o-o hervor, das nach dem übereinstimmenden Urteil der Mutter und des Beobachters keine Interjektion war, sondern »fort« bedeutete. Ich merkte endlich, dass das ein Spiel sei und dass das Kind alle seine Spielsachen nur dazu benützte, mit ihnen »fortsein« zu spielen. Eines Tages machte ich dann die Beobachtung, die meine Auffassung bestätigte. Das Kind hatte eine Holzspule, die mit einem Bindfaden umwickelt war. Es fiel ihm nie ein, sie zum Beispiel am Boden hinter sich herzuziehen, also Wagen mit ihr zu spielen, sondern es warf die am Faden gehaltene Spule mit großem Geschick über den Rand seines verhängten Bettchens, sodass sie darin verschwand, sagte dazu sein bedeutungsvolles o-o-o-o und zog dann die Spule am Faden wieder aus dem Bett heraus, begrüßte aber deren Erscheinen jetzt mit einem Freudigen »da«. Das war also das komplette Spiel, Verschwinden und Wiederkommen, wovon man zumeist nur den ersten Akt zu sehen bekam, und dieser wurde für sich allein unermüdlich als Spiel wiederholt, obwohl die größere Lust zweifellos dem zweiten Akt anhing.«

Interessant ist nun, dass Freud in seinem nachfolgenden Versuch, dieses Spiel psychodynamisch zu deuten, dem Umkehrprinzip sehr nahe kommt.

»Man sieht, dass die Kinder alles im Spiele wiederholen, was ihnen im Leben großen Eindruck gemacht hat, dass sie dabei die Stärke des Eindruckes abreagieren und sich sozusagen zu Herren der Situation machen. Aber anderseits ist es klar genug, dass all ihr Spielen unter dem Einflusse des Wunsches steht, der diese ihre Zeit dominiert, des Wunsches groß zu sein und so tun zu können wie die Großen. Man macht die Beobachtung, dass der Unlustcharakter des Erlebnisses nicht immer für das Spiel unbrauchbar macht. Wenn der Doktor dem Kinde in den Hals geschaut oder eine kleine Operation an ihm ausgeführt hat, so wird dies erschreckende Erlebnis ganz gewiss zum Inhalt des nächsten Spieles werden, aber der Lustgewinn aus anderer Quelle ist dabei nicht zu übersehen. Indem das Kind aus der Passivität des Erlebens in die Aktivität des Spieles übergeht, fügt es einem Spielgefährten das Unangenehme zu, das ihm selbst widerfahren war, und rächt sich so an der Person dieses Stellvertreters.«

Ein eindrucksvolles Beispiel für das schon sehr früh einsetzende Umkehrprinzip und seine entlastende Funktion. Das allein gelassene kleine Kind bewältigt die schwierige Situation durch kreative Spiele, die ihm ein Gefühl der Unabhängigkeit und Lust vermitteln. Die von Angst und Hilflosigkeit bestimmte Trennungssituation wird in eine Position autonomer Selbst-Zufriedenheit umgekehrt - das Umkehrprinzip als angstreduzierende, beruhigende Überlebensstrategie.

Die Spielsequenzen des Kindes zeigen jeweils eine ganzheitlich-symbolische Gestalt. Es lassen sich jedoch mindestens vier funktionale Aspekte im Hinblick auf das Umkehrprinzip unterscheiden:

1. die Umkehr der Passivität in Aktivität,
2. eine aggressive Tönung (Wut auf die Mutter, Frust),
3. ein narzisstisches Bedürfnis (Aufbesserung des Selbst-Erlebens) und
4. die Bewältigung eines Beziehungskonflikts (Mutter/Kind).

Damit erfasst Freud das Umkehrprinzip in wesentlichen Zügen und betont zugleich die generelle Bedeutung des Phänomens. Immer wieder bin ich beim Lesen der zitierten Textpassagen erstaunt, wie nahe Freud mit dieser Beobachtung dem Ursprung des Umkehrprinzips kommt, wie sehr er dessen universale Bedeutung zu ahnen scheint mit seinem wiederholten Hinweis auf die große Bedeutung der Umkehr des passiv Erlittenen in eine aktive Bewältigung, wie dann jedoch dieser weite Ausblick durch seine Triebtheorie verstellt und eingeengt wird. Die Aktiv-Passiv-Polarität versteht Freud in der Entwicklung des Kindes als anale Vorstufe der späteren genitalen männlich-weiblich-Polarität. Im Erwachsenen lebt diese Polarität später als bisexuelle Spannung weiter mit unterschiedlichen Ausprägungen weiblich-passiver und männlich-aktiver Anteile. Die Fixierung auf die psychosexuell akzentuierte Triebtheorie verhindert den Blick auf die wesentlich breitere Gültigkeit der Passiv-Aktiv-Polarität im Sinne eines allgemein gültigen, schon in frühester Kindheit einsetzenden Umkehrprinzips.

Freuds Beinahe-Entdeckung hat nur geringe Spuren hinterlassen. Der Psychoanalyse ist das Umkehrprinzip bis heute fremd.

Anna Freud, die Tochter des Begründers der Psychoanalyse, zählt zu den Pionieren der analytischen Kindertherapie. Obwohl sie tagtäglich in ihrer klinischen Arbeit dem Umkehrprinzip begegnete und sie ihr reichhaltiges Erfahrungsmaterial systematisch aufgearbeitet hat, ging auch sie am Umkehrprinzip vorbei. Dabei sind in ihrer berühmten kleinen Studie *Das Ich und die Abwehrmechanismen* (1936) zahlreiche Umkehr-Beispiele nachzulesen und an einer Stelle spricht sie das Phänomen sogar direkt an, ohne es in seiner Tragweite zu erfassen. Es handelt sich um eine Passage im 9. Kapitel (GW 14, S. 406 f.), in dem sie den wichtigen Abwehrmechanismus der »Identifikation mit dem Angreifer« diskutiert. Sie verweist auf die von ihrem Vater in *Jenseits des Lustprinzips* beschriebene »Bedeutung dieser Wendung von der Passivität zur Aktivität für die Verarbeitung unlustvoller oder traumatischer Erlebnisse des infantilen Leben«, bezieht sich also ausdrücklich auf das dort analysierte Umkehr-Spiel, das wir im Wortlaut kennengelernt haben. Im Folgenden spricht sie dann zwar von einem »Umwandlungsprozess«, versteht diesen aber wegen der psychosexuellen Sicht und der Fokussierung auf innerpsychische Konflikte ganz im Sinne ihres Vaters.

Innerhalb der Kinderanalyse steht Anna Freud damit nicht allein. Die Verschiebung des Augenmerks von den primären Abhängigkeits- und Gewaltverhältnissen in der Erwachsenen-Kind-Beziehung auf die sekundär-reaktive intrapsychische Konfliktverarbeitung ist bei allen Exponenten der analytischen Kindertherapie zu finden und hat die Aufdeckung des Prinzips verhindert. Bis heute ist das Umkehrprinzip in der Theorie und Praxis der Psychoanalyse unbekannt, obwohl in jedem Fallseminar unablässig Umkehr-Phänomene angesprochen werden. Sie erzeugen dann meist eine gewisse Ratlosigkeit.

Der bis dahin lebhafte Diskurs gerät ins Stocken, verflacht, wird flüchtig, jemand wirft zögernd die »Identifikation mit dem Aggressor« ein, die dann schnell Zustimmung findet, oder man ist sich einig, dass es sich um ein Ausagieren bzw. eine schwer durchzustehende Widerstandsphase handelt. Mir ist keine Fallbeschreibung bekannt, in der das Umkehrprinzip explizit herausgearbeitet ist. Auch während meiner Ausbildung wurde das Problem nie berührt.

Lediglich in der Individualpsychologie Alfred Adlers steht die kompensatorische Bewältigung von Kränkungen im Mittelpunkt der Theorie. Im tiefenpsychologischen Umfeld kommt Adler dem Umkehrprinzip am nächsten. Seine Lehre des über Macht-, Geltungs- und Vollkommenheitsstreben kompensierten Min-

20

derwertigkeitskomplexes, des lebenslangen Versuchs, aus einer inferioren Situation in eine Überlegenheitsposition zu kommen, seine Betonung des kindlichen Unterlegenheitsgefühls und der Geringschätzung des Weiblichen für diese Dynamik, illustriert in vielen Aspekten das Umkehrprinzip. Dennoch hat es auch Adler nicht im Zusammenhang erfasst. Die von ihm beschriebenen Umkehr-Phänomene erscheinen in unterschiedlichen Begründungszusammenhängen. So bleibt unklar, aus welchen Quellen sich der »männliche Protest« letztlich speist, der Drang, oben, überlegen und Sieger zu sein: aus der biologischen Organminderwertigkeit, aus einem darwinistischen Selbsterhaltungstrieb, aus einer psychischen Sicherungstendenz zur Überwindung von Schwäche, aus dem von Nietzsche postulierten Willen zur Macht oder aus den Kränkungen der Erziehung, bzw. aus der Geschlechter- und Geschwisterrivalität.

Wie für Freud war auch für Adler die Erziehung als solche noch nicht hinterfragbar. Im Gegenteil: Anfangs hatte die Individualpsychologie sogar eine betont pädagogische Ausrichtung. Adler sah durchaus die primäre Hilflosigkeit, Abhängigkeit und Unterlegenheit des kleinen Kindes und begründete sie anthropologisch, also zunächst unabhängig von der jeweiligen Erziehungsmethode, betonte jedoch, dass diese inferiore Position erst im sozialen Feld des Erwachsenen-Kind-Verhältnisses brisant würde.

Bis zu diesem Punkt stimme ich dem Gedankengang zu, dann aber trennen sich die Wege. Denn für Adler folgt aus dieser Grundkonstellation die Notwendigkeit verstärkter Erziehungsbemühungen, während eine fundierte Analyse des Umkehrprinzips eher auf die Fragwürdigkeit und Entbehrlichkeit gewisser Erziehungsmethoden verweist.

Die Spurensicherung ließe sich durch weitere Varianten erweitern. Aber das wäre nicht zielführend. Denn allesamt beschränken sie sich auf Teilaspekte, ohne das Eigentliche herauszuarbeiten. Sie dringen nicht bis zum Ursprungsort vor und erfassen nicht den kohärenten Entwicklungsprozess in seiner vielfältigen Verflechtung. Wir werden sehen, warum das so ist.

Mein erster Behandlungsfall

Jahrzehnte vergingen nach meinen ersten Erfahrungen mit dem Umkehrprinzip. Dann begegnete es mir wieder in einer bis heute einmalig extremen Form in meiner allersten, noch supervidierten Behandlung während meiner Ausbildung um analytischen Kinder- und Jugendlichen-Psychotherapeuten. Es ging um einen 14-jährigen Jungen mit psychosenahen Ängsten und großen Schwierigkeiten in der Schule, sodass die Versetzung auf eine Sonderschule angeraten wurde. Er hatte eine sehr enge Bindung an die Mutter und ein konfliktreiches Verhältnis zu seinem Stiefvater.

Die tiefgreifende Krise der Familie spiegelte sich in Stefans Beziehungsstörung. Er hatte keine Freunde und war in eine irreale Fantasiewelt eingesponnen. Sein leiblicher Vater hatte die Mutter bei der Geburt des Kindes verlassen. Er lebte weit entfernt. Stefan hatte ihn noch nie gesehen, wusste aber von ihm und kannte auch Fotos. Seinen Zahlungsverpflichtungen kam der Vater nur gelegentlich nach. Immer mal wieder musste das Jugendamt eingeschaltet werden.

Das innere Erleben Stefans war von Angst und Ohnmacht und einer depressiven Grundstimmung gekennzeichnet, die er durch ausgeprägte Größenfantasien in Schach hielt. Das Gefühl der Hilflosigkeit wurde durch die aktuelle Familiendynamik täglich verstärkt. Stefan stand im Spannungsfeld der streitbaren Eltern. Vieles an seinem Aussehen und in seinem Wesen erinnerte an den leiblichen Vater. Die Mutter sah vor allem Positives, der Stiefvater Negatives. Zärtliche Erinnerungen der Mutter und eifersüchtige Regungen des Stiefvaters flossen immer wieder ein in die dauernden Auseinandersetzungen um das »Problemkind«, wobei die Mutter sich meist schützend vor ihren Sohn stellte, wenn ihr Mann in größter Rage auf ihn losging, ihn bedrohte, strafte oder schlug. Das Verhältnis Stefans zu Erwachsenen war von Misstrauen bestimmt. Zuhause und in der Schule stand er ständig unter erzieherischem Druck und galt als Versager.

Diesen Druck und dieses Versager- und Ohnmachtserleben gab er nun schon nach wenigen Stunden in einer denkbar eigenwilligen Form des Umkehrprinzips dadurch an mich weiter, dass er m i c h hilflos und zum Versager machte und mich ständig in die Versuchung brachte, erzieherisch statt therapeutisch mit ihm umzugehen. Er setzte dazu am empfindlichsten Punkt der Behandlung an, am therapeutischen Setting selbst. Denn im Setting, in den Rahmenbedingungen einer Behandlung, steckt, ob man will oder nicht, immer noch ein erheblicher Rast an erzieherischer Erwartung. Das Kind muss zweimal in der Woche möglichst pünktlich in die Stunden kommen und soll sich in den fünfzig Minuten auf seine Probleme einlassen, soll zur Mitarbeit bereit sein. Es soll sich verbal oder symbolisch öffnen und Deutungen zugänglich sein. Wird dieser Rahmen infrage gestellt, dann kommt der Therapeut selbst in Schwierigkeiten, weil er nicht mehr genug Möglichkeiten findet, sinnvoll zu arbeiten. Das sogenannte Arbeitsbündnis kommt zum Erliegen und damit die ganze Behandlung.

Und genau das geschah. Stefan ließ von der ersten Stunde an keinen Zweifel daran aufkommen, dass er in der Therapie einen »großen Scheiß« sah und keine Lust hatte, sich darauf einzulassen. Er verweigerte schlichtweg seine Mitarbeit, schwieg oder kam zu spät, mitunter auch gar nicht, und das einhundertfünfzig Stunden lang, über zwei Jahre hin. Weit überwiegend kam er verspätet, zehn, zwanzig, dreißig oder gar vierzig Minuten. War er wohlgesonnen, dann nur fünf Minuten. Zweimal kam er, sorgfältig geplant, genau in der neunundvierzigsten Minute, sodass ich ihn gerade noch in den Behandlungsraum bitten und wieder verabschieden konnte. Das war Taktik. Der Form nach hatte er die Stunde wahrgenommen und so musste sie nicht von den Eltern bezahlt werden.

In der Zeit seiner Anwesenheit machte er meist ein griesgrämiges Gesicht, fläzte im Stuhl, maulte über die nutzlos vertane Zeit oder schwieg beharrlich vor sich hin, nicht selten den ganzen Rest der Stunde. Das alles war ebenso zermürbend wie faszinierend, beeindruckend, mit welcher Konsequenz, Ausdauer und List er das Umkehrprinzip inszenierte. Ich fühlte mich machtlos und ihm ausgeliefert, war wütend, enttäuscht, bis auf die Knochen gefrustet, hatte Angst, die Behandlung würde scheitern und zweifelte an meinen therapeutischen Fähigkeiten. Stefan zeigte mir unmissverständlich, wer da eigentlich Herr im Hause war und das Sagen hatte. Was er täglich in der Schule und zuhause - weitgehend passiv - erleiden musste, das demon-strierte er nun in aktiver Umkehr und arbeitete auf diese Weise seine Traumatisierungen und Ängste an mir ab, übertrug mir die Last seiner schmerzlichen und beschämenden Gefühle, packte seine ganze Not in meinen Container. Wie ihn einst der leibliche Vater im Stich gelassen hatte, so ließ er nun mich Stunde für Stunde im wahrsten Sinn des Wortes sitzen, ständig den gefürchteten Behandlungsabbruch vor Augen.

Ohne Zweifel waren die krassen Verspätungen und die massiven Entwertungen anfangs von einer negativen Vaterübertragung bestimmt, nicht selten mit paranoiden Zügen. So fürchtete er, im Behandlungsraum könnte eine von mir versteckte Bombe hochgehen oder ich könnte ihm ein Messer in den Rücken stoßen. Mit der Bearbeitung dieser Ängste und analoger Fantasien und der Abklingen hörten die Verspätungen, Entwertungen und Schweigephasen jedoch keineswegs auf, sondern gewannen an Raum und es war unverkennbar, wie Stefan dabei auflebte. Er machte - auch nach Aussage der Eltern und Lehrer - deutliche Fortschritte.

Insgesamt wurde die Behandlung zu einem vollen Erfolg. Nach zweijähriger Therapie hatte Stefan seine Ängste verloren, war in der Schule unauffällig, hatte Freunde und eine Freundin, die Familiensituation hatte sich entspannt und das konfliktreiche Verhältnis zum Stiefvater war fast freundschaftlich geworden. Der Erfolg der Behandlung war anhaltend, wie spätere Rückmeldungen zeigten.

Heute steht für mich fest, dass diese Fortschritte in erster Linie der durchgängigen Inszenierung des Umkehrprinzips geschuldet waren. Das konsequente Ausagieren des Umkehrverfahrens ermöglichte es Stefan, aus der jahrelangen Minusposition herauszukommen und sich stark, selbstbestimmt, intakt und ernst genommen zu fühlen. Mit dem Umkehrprinzip unterzog er den Therapeuten einem radikalen Härtetest. Redest du nur dummes Zeug, oder nimmst du mich einfach wie ich bin? Auch dann, wenn ich zu spät komme, schweige oder maule? Darf ich dir trauen oder muss ich mit deiner Rache rechnen? Hätte ich das Umkehrprinzip erzieherisch ausgehebelt, ihn also zur Pünktlichkeit, zum Reden und einer gewissenhaften Mitarbeit verpflichtet, so wäre die Therapie mit Sicherheit gescheitert.

Allerdings habe ich diese Rollenumkehr intensiv analytisch bearbeitet. Ich habe Stefan immer wieder gedeutet, wie wichtig es für ihn sei, mich warten zu lassen, mich zu enttäuschen und ärgerlich zu machen, wie er es ja selbst jahrelang schmerzhaft habe erfahren müssen. Auch habe ich die Verspätungen meist positiv umgedeutet und ihm z. B. bei dreißig Minuten Verspätung gesagt, dass er diese Zeit ganz allein für sich nutzen musste oder mir vielleicht ein interessantes Erlebnis mit in die Stunde bringen wollte, was tatsächlich häufig geschah, real oder fantasiert, dass er immerhin noch in die Stunde gekommen sei und zwanzig Minuten für uns beide übrig gelassen habe. Trat er aus seinem Schweigen heraus, dann waren die eingebrachten Assoziationen dermaßen dicht, dass sich zahlreiche Ansatzpunkte für eine Bearbeitung ergaben. Mehrfach habe ich anlässlich der Verspätung auch seine selbstschädigenden Neigungen angesprochen, dass er sich durch sein Fernbleiben zugleich etwas nehme und aus dem Verkehr ziehe.

Ein bloßes Ausagieren des Umkehrprinzips führt noch nicht zu einem ausreichenden Therapieerfolg. Es geht darum, Kindern und Jugendlichen beide Pole der Umkehrmethode erfahrbar und bewusst zu machen: den des bemächtigenden Täters und den des ohnmächtigen Opfers. Die im Wiederholungszwang abreagierte Inszenierung muss auch, über das aktuelle Beziehungsgeschehen der Behandlung hinaus, als Spiegelung der realen Kindheitstraumatisierungen thematisiert und gedeutet werden, sodass nach und nach der lebensgeschichtliche Zusammenhang sichtbar wird. Die Umkehr-Inszenierungen werden so zur einzig möglichen Ausdrucksform erlittener Schmerzen und Demütigungen.

Gegen Ende der Behandlung flaute die Umkehr merklich ab. Stefan kam pünktlich oder mit nur geringfügigen Verspätungen, war gesprächsbereit und zeigte eine überwiegend positive Übertragung auf den Therapeuten.

Hätte Stefan diese intensive Umkehr-Erfahrung nicht gemacht, wäre eine selbstschädigend-kriminelle Entwicklung zu befürchten gewesen. Schon während der Behandlung gab es in dieser Hinsicht alarmierende Anzeichen. So hatte er sich einmal bei einem Sturz vom Fahrrad an einem Stacheldraht ernsthaft nahe der Schlagader am Hals verletzt. Ein andermal stach er mit einem Messer nach einem Jungen, von dem er sich bedroht fühlte, und verletzte ihn. Er experimentierte mit explosiven Stoffen und brach zusammen mit zwei anderen Jugendlichen in eine Gartenhütte ein, wurde der Tat überführt und zu vierzig Sozialstunden verurteilt.

Aus dieser Behandlung darf nun aber nicht voreilig der Schluss gezogen werden, dass im Umkehrprinzip als solchem heilende Kräfte stecken. Die therapeutische Ermöglichung des Umkehrprinzips bedeutet lediglich, dass sich die Kinder und Jugendlichen von jahrelangen erzieherischen Folgen des von ihnen erduldeten primären Umkehrprinzips entlasten können. Stefan kannte nichts anderes als Verlierer und Versager zu sein, angsterfüllt, misstrauisch, eingeschüchtert durch demütigende Strafen und Schläge. Er hatte kein Vertrauen zur Welt und zu den Erwachsenen, war verunsichert in seinem Selbsterleben und hatte eine ohnmächtige Wut im Bauch, während die Eltern und Lehrer dadurch ihren Selbstwert aufbesserten, dass sie ihn auf seine Schwächen festlegten. Insofern bedeutete das Umkehrverfahren in der Therapie lediglich, dass er sich von dieser Last und diesem Makel dadurch zu befreien suchte, dass er alles Negative mir aufbürdete, bis sich nach zahlreichen Zuspitzungen ein angemessenes Maß von Widerstand und Anpassung einpendelte. Die destruktive Wirkung des Umkehrprinzips war durchaus auch während der Behandlung unübersehbar, sei es im sadomasochistisch getönten Arbeitsbündnis, sei es in Stefans selbstschädigenden Verhaltensweisen. Die therapeutische Aufhebung des Umkehrprinzips setzt zunächst ein Hineingehen in den Zirkel von Gewalt und Gegengewalt voraus, in diesem Fall besonders intensiv und lange.

Meine allererste Behandlung begann also mit einem Paukenschlag des Umkehrprinzips. Ich hatte die Erfahrung gemacht, dass die therapeutische Entfaltung dieses Umkehrverfahrens für den Erfolg einer Behandlung mindestens ebenso wichtig war wie das Deuten der Widerstände und der Übertagungsanteile, der Träume und der Regressionsprozesse. Die Tatsache, dass da ein Junge lediglich die Hälfte der veranschlagten Zeit kommt und davon nochmals in der Regel die Hälfte schweigt und sich dennoch (samt der ganzen Familiendynamik) prognostisch günstig verändert, war so spektakulär. dass ich durch diesen Fall auf das Verfahren, für das ich damals immer noch keinen Namen hatte, nach Jahrzehnten erneut aufmerksam wurde. Wäre es nicht schon in meiner ersten Behandlung so unübersehbar aufgetreten, hätte ich wohl die entsprechenden Phänomene, wie das sonst üblicherweise geschieht, lediglich im Horizont der Widerstände, des Ausagierens und einer negativen Vaterübertragung verstanden. Mit entsprechenden Deutungen hätte ich dann zu kurz gegriffen und somit die umfassende Dynamik des Umkehrprinzips im Kontext der frühen Traumatisierung verkannt.

Das Umkehrprinzip in Reinkultur

In der Folgezeit war das Umkehrprinzip in jeder weiteren Therapie, wenn auch nicht so spektakulär, mühelos auszumachen. Keine Behandlung, in der es nicht im Mittelpunkt gestanden hätte. Nach und nach gewann ich den Eindruck, dass die wesentlichen Veränderungen innerhalb einer Therapie von der Aktivierung dieses Umkehrverfahrens ausgingen, dass also die Dynamik des Umkehrprinzips den eigentlichen Kern einer jeden Kinderbehandlung bildete. Allerdings trat es in jeder Therapie, der unterschiedlichen Konflikte wegen, in einer sehr individuellen Ausprägung auf, sowohl hinsichtlich einer mehr oder weniger fantasievollen Ausformung, wie auch einer eher verhaltenen oder heftigen Vermittlung.

Seitdem habe ich in analytischen Kindertherapien das Umkehrprinzip bei Kindern von erst drei Jahren bis in die Pubertät hinein beobachtet, bei Jungen wie bei Mädchen, in Einzeltherapien wie in therapeutischen Kindergruppen. Ganz allgemein zeigt sich das Umkehrprinzip im Bestreben der Kinder, das therapeutische Geschehen zu bestimmen, zu beherrschen und zu kontrollieren. S i e geben vor, w a s und w i e gespielt wird, welche Rolle der Therapeut einzunehmen hat, was er sagen darf und was nicht. Ist die Umkehr erst mal voll entfaltet, dann werden Deutungen des Therapeuten nicht selten empört und mit großer Heftigkeit (»Schnauze!«) zurückgewiesen, weil sie als die übliche Rollenverteilung im Erwachsenen-Kind-Verhältnis erlebt werden, als Versuch, das Kind wieder ins Minus und den Therapeuten ins Plus zu bringen. Die enorme Kreativität und Energie, die alle Kinder in der Durchsetzung des Umkehrprinzips entfalten, sowie die Einbrüche der Behandlung, wenn der Therapeut aussteigt - all dies bezeugt, dass es sich bei diesen Inszenierungen nicht lediglich um Widerstände oder ein zielloses Ausagieren handelt.

In unstrukturierten analytischen Kindergruppen kommt das Umkehrprinzip schon nach wenigen Stunden voll in Gang, weil sich die Kids dabei wechselseitig hochpuschen und das Therapeutenpaar die Familiensituation nacherleben lässt. Nun sind sie die Tonangebenden. Sie befehlen den Therapeuten im Kommandoton, was sie zu tun und zu lassen haben, wobei die Mädchen nur am Anfang den Jungen nachstehen, dann aber rasch aufholen. Deutungsversuche werden übertönt, niedergeschrien oder veralbert, begleitet von Versuchen, die Therapeuten auch physisch dadurch unter Kontrolle zu bringen, dass sie ausgesperrt oder ihnen Augen und Mund verbunden werden (Augenkontrolle, Unterbindung von Deutungen). Sie werden in demütigende oder gar bedrohliche Situationen gebracht. Nur absoluter Gehorsam ist lebensrettend und darf auf Nachsicht hoffen. So gut wie immer bringen sich die Kinder in eine absolut beherrschende, sadistisch kontrollierende Position.

Jungen greifen in Einzelbehandlungen oft zu Waffen und verpassen dem Therapeuten in Show-downs regelmäßig die Rolle des schwächlichen Verlierers. Sie behaupten die Macho-Rollen, sind die strahlenden Sieger und goldenen Ritter, die James Bonds und die unerschrockenen Western-Helden, die Magier und Trickser, die Champions, von allen bewundert. Dem Therapeuten kommt die Rolle des geduldeten Begleiters zu, der die Heldentaten und Größenfantasien bewundernd spiegeln soll. Diese Spiele sind meist von diktatorischen Anweisungen begleitet, die genauestens eingehalten werden müssen und dem Therapeuten volle Konzentration abfordern. Sie müssen präzise erfüllt werden und dulden nicht den geringsten Aufschub. Abweichungen können in der Blütezeit des Umkehrprinzips massive Enttäuschung und größte Wut auslösen. Schon mehrfach haben mich Kinder, wenn ich in solchen Phasen wegen Ermüdung oder beginnender Unlust aus dem Spiel ausgestiegen bin, hasserfüllt angebrüllt und mit dem Ende der Behandlung gedroht oder mir vorgeworfen, ein »Scheiß-Therapeut« zu sein, der sein Geld zu Unrecht bekomme, denn er sei doch schließlich dazu da, alles zu tun, was Kinder wollen.

Das Umkehrprinzip wird bevorzugt in Rollen personifiziert, die das Unter- und Überordnungsverhältnis klar zum Ausdruck bringen: als Herr und Sklave, König und Lakai, Lehrer und Schüler, Eltern und Kind, Boss und Arbeiter, Kapitän und Matrose, Feldherr und Soldat, Königin und Magd, Model und graue Maus, Chefin und Lehrling, Mutter und Kind. Das Beziehungsverhältnis wird dann häufig entsprechend reflektiert: »Du bist schließlich mein Untergebener. Ich bin der Bestimmer und du musst tun, was ich will.« Dem Übergeordneten ist alles erlaubt. Er schikaniert den Untergebenen, nimmt ihm die Frau weg, droht in zu schlagen oder ins Gefängnis zu werfen und beutet ihn für eigensüchtige Zwecke aus. Der Schwächere dient ausschließlich zur Stärkung und Verherrlichung des Überlegenen.

Immer ist jedoch in diesem ganz individuellen, vom Umkehrprinzip bestimmten Spiel der Kinder ein traumatisierender Familienhintergrund erkennbar, wie er dem Therapeuten aus der Anamneseerhebung bekannt ist. R e a k t i v arbeitet das Kind mithilfe des Umkehrspiels seine Traumatisierung auf und verlagert sie im Umkehrverfahren auf den Therapeuten, bezieht ihn mit ein in die frühe Lebensgeschichte, sodass ihm das Ausmaß an Not, Schmerz, Hilflosigkeit, Angst, Demütigung, Wut und Ohnmacht erlebbar wird, das vom Kind erlitten wurde. Mithilfe des Umkehrprinzips zeigt es seinen Wunsch, mächtig, stark, groß, angstfrei und bewundert zu sein. Erst muss das Umkehrprinzip voll zur Entfaltung kommen, bevor ein inneres Gleichgewicht entstehen kann.

Nicht immer äußert sich das Umkehrprinzip so lautstark. Es kann auch eher symbolisch im Spiel zur Geltung kommen. Ein achtjähriger Junge, schwer traumatisiert durch eine chaotische Ehe und eine schmerzhafte Scheidung wies mir in einem über viele Stunden fortgesetzten Sandspiel die immer gleiche untergebene Rolle zu, sprach mir alle Dialoge vor, die ich im Wortlaut wiederholen musste und duldete nicht die kleinste Abweichung von seinen Vorgaben. Den geschiedenen Vater hatte Tobias seit Jahren nicht mehr gesehen. Der hatte mehrfach im

Jähzorn gedroht ihn umzubringen und durch betrügerische Finanzmanipulationen und Unterschriftenfälschungen die allein erziehende Mutter in eine verhängnisvolle Lage gebracht, verbunden mit zermürbenden juristischen Auseinandersetzungen.

Wir spielten ein Freundespaar und trafen uns in jeder Stunde (im Sandspiel) zu einem neuen Abenteuer. Jedesmal ging es darum, einem üblen Schurken das Handwerk zu legen, sich vor seinen Ränken zu schützen und sich wehrhaft gegen ihn zu behaupten. Durchweg beanspruchte Tobias für sich die Rolle des Superhelden, ausgerüstet mit einer Zeitmaschine, mit Laserkanonen, einem Weltcomputer und einer unsichtbaren Festung. Er war der Größte, Schnellste und Klügste, war unverwundbar und voller List und Tücke. Stets stand ich ihm nach und hatte ihn zu bewundern in seiner Einzigartigkeit. Jedesmal wurde er für seinen furchtlosen Kampf mit dem Bösewicht reich belohnt. In zahllosen Variationen kreiste das Spiel monatelang um das Familiendrama. Die Inszenierung des Umkehrprinzips im Sandspiel ermöglichte es Tobias, die vergangenen Schrecken wie auch die verzweifelte finanzielle Lage der Familie zum Ausdruck zu bringen und sich dadurch einen Hoffnungsschimmer und eine Aufbesserung seines Selbstwerts zu sichern. Auch hier näherten sich nach und nach die unterschiedlichen Rollen einander an. Schließlich konnte er ein ganz normaler sterblicher Mensch sein und ich durfte sagen und tun, was ich wollte.

Wir haben gesehen, dass auch Mädchen das Umkehrprinzip praktizieren. Allerdings tun sie das meist weniger lautstark und protzig, dafür umso hartnäckiger. Ein krasser Fall bestätigt es. Tanja war mit fast zwei Jahren von ihren jetzigen Eltern adoptiert worden. Damals war sie auffällig zurückgeblieben, sprachlich, emotional und motorisch. Sie konnte kaum feste Nahrung zu sich nehmen, war extrem ängstlich und verschlossen. Bis dahin hatte sie schon zwei Heimaufenthalte und mehrere Pflegeeltern hinter sich. Als sie zu mir zweimal in der Woche in eine analytische Langzeittherapie kam, war sie zwölf.

Von der ersten Stunde an bestand sie darauf Canasta zu spielen, weitgehend schweigend und emotionslos. Es war ihr erklärtermaßen egal, ob sie verlor oder gewann. Um es kurz zu machen: Stunde für Stunde spielten wir Canasta, über eineinhalb Jahre lang. Jeder Versuch, Tanja behutsam auf andere Möglichkeiten der Behandlung hinzuführen, wurde ärgerlich und trotzig im Keim erstickt. Deutungen liefen ins Leere.

Üblicherweise wäre ihr Verhalten als aggressiver Widerstand zu verstehen gewesen, der die ganze Behandlung in Frage stellte und zur Strecke bringen konnte. Doch dem war nicht so. In kleinsten Schritten wurde Tanja bei diesem beständigen Canasta sprachlich und im Gefühlsausdruck farbiger und lebendiger und konnte sich zunehmend über Siege und Niederlagen freuen oder ärgern. Ich machte zwar wiederholt Versuche, das Spiel zu beenden, aber erfolglos. Bis mir dämmerte, dass Tanja auf diese Weise im Umkehrverfahren die frühe traumatisierende Szene durcharbeitete: den Mangel an Urvertrauen, Basissicherheit und Kontinuität. Damals war sie diesen Entbehrungen ohnmächtig ausgeliefert. Jetzt hingegen konnte sie selbst dafür sorgen, dass ein Mindestmaß an Geborgenheit, Beständigkeit und Selbstwirksamkeit gegeben war.

Dennoch sah ich mich gegen Ende der Therapie gezwungen, das Spiel zu beenden, um die bevorstehende Trennung angemessen bearbeiten zu können. Tanjas Reaktionen waren dramatisch. Wütend weigerte sie sich, weiterhin zu kommen und musste von der Mutter dazu gezwungen werden. Sie verstummte in den folgenden Stunden, kehrte mir beharrlich den Rücken und ließ Deutungen an sich ablaufen. Doch malte sie in dieser Zeit eine Reihe sehr schöner und aufschlussreicher Bilder, die auf ihre Verlassenheit verwiesen und schließlich wieder in den Dialog und ein wechselseitiges Beziehungsverhältnis führten. Tanja konnte über ihre Wut sprechen und belohnte den Therapeuten am Ende mit einem selbst gebastelten Geschenk. Die Therapie wurde - auch nach Bekunden der Eltern - zu einem vollen Erfolg.

Die hinter den Umkehr-Reaktionen greifbar werdende Not der Kinder läuft in aller Regel auf ein defizientes Selbstwerterleben hinaus, auf tiefsitzende Ängste und basale Unsicherheiten, auf das Gefühl, nicht geliebt oder nicht richtig zu sein, verbunden mit einem Wutpotential, das keinen angemessenen Ausdruck findet und sich entweder selbstschädigend gegen das Kind selbst richtet oder in Impulsdurchbrüchen explodiert, bedrohlich nicht nur für die Umwelt, sondern für das Kind selbst, sodass strenge Über-Ich-Kontrollen erforderlich werden. Ein grausames Gewissen bestimmt das Beziehungserleben. Einerseits geht das Kind masochistisch-selbstschädigend in die Opfer-, Versager- und Problemkindrolle, andererseits sind seine Beziehungsfantasien von Hass, Gewalt und Vergeltungssucht bestimmt. In einer tieferen Erlebnisschicht möchte das Kind jedoch angenommen und bewundert sein. Es fürchtet den Kontakt zu verlieren, sehnt sich nach Liebe und Zuwendung. Das Umkehrprinzip wird eingesetzt, um dieses primäre Erleben zu erreichen. Vorübergehend wird es so zu einem nützlichen Instrument, um den verheerenden Auswirkungen der frühen Schädigungen irgendwie beizukommen. Wird dies zur Dauerlösung, korrumpiert es den Charakter.

Die Entfaltung des Umkehrprinzips in Kindertherapien gleicht am ehesten dem Ablauf eines Dramas: Am Anfang steht die tastende Exposition der individuellen Ausformung des Umkehrprinzips, ein probeweises Austesten der Grenzen und Möglichkeiten. Darauf folgt die volle Entfaltung, gefolgt von einer dramatischen Steigerung bis zu einem Höhepunkt oder auch einer Reihe spektakulärer Inszenierungen, bis hin zu einer kritischen Zuspitzung, um dann umzuschlagen in eine beruhigende Phase der Lösung.

Das Erleben des Therapeuten folgt diesem Verlauf. Zunächst herrscht die Neugier vor, welchen individuellen Ausdruck des Umkehrprinzips das Kind wohl finden wird. Da ist über weite Strecken hin ein wohlwollendes Mitgehen leicht möglich, gefolgt von einer Phase widerstreitender Gefühle und wachsender Widerstände, a l l e s mitzumachen und a l l e s mit sich machen zu lassen, bis hin zu einer kritischen Erträglichkeitsgrenze, die schließlich zu wiederholten Spielausstiegen führt und mehr oder weniger dramatische Reaktionen des Kindes zur Folge hat. Die Erfahrung, dass der Therapeut bei aller Zuwendung und Toleranz auch nur ein Mensch mit einer begrenzten Belastungs- und Leidensfähigkeit ist, führt in dieser Phase meist zu einer Mäßigung der sadomasochistischen Beziehungsstruktur und zu einer entspannten, ja fast wohligen Atmosphäre. Sie lässt das Kind die Befindlichkeit des Therapeuten miteinbeziehen, ohne vorzeitig auf eigene Wünsche und Bedürfnisse zu verzichten.

Das Umkehrprinzip ist im Setting einer analytischen Kindertherapie gleichsam in Reinkultur zu beobachten und hat dort eine wichtige selbstheilend-korrigierende Funktion. Durch die Zurückhaltung des Therapeuten ist dem Kind dort möglich, in aktiver Umkehr das zum Ausdruck zu bringen, was es selbst erlitten hat. Die Inszenierung des Umkehrprinzips in der Behandlung hebt die Folgen des voraufgegangenen pathologisch wirkenden primären Umkehrprinzips einer fehlgeleiteten Erziehung wieder auf oder schwächt sie zumindest deutlich ab.

Und was sagt der Volksmund?

Dem ist das Umkehrprinzip längst vertraut. Es wird in verschiedenen Redewendungen und Umschreibungen zum Ausdruck gebracht, am klarsten in der Wendung »den Spieß umdrehen«. Gemeint ist, dass sich der Angegriffene zum Angreifer macht, dass er eine Situation der Bedrohung in eine der Beherrschung verwandelt. Diese Redensart passt vor allem zu den zahlreichen Alltagssituationen, in denen das Umkehrprinzip zur Anwendung kommt. Es betont die aggressive Note der Vorwärtsstrategie.

»Aus der Not eine Tugend machen« - eine andere Redewendung -, akzentuiert stärker eine bestimmte persönliche Schwäche, die mit moralischer Stärke überwunden wird und soziale Anerkennung findet. Alfred Adler hat auf diesem Grundgedanken - der kompensatorischen Überwindung des Minderwertigkeitskomplexes - seine Individualpsychologie aufgebaut. Berühmtestes geschichtliches Beispiel ist der griechische Staatsmann Demosthenes (384 - 322 v. Chr.), einer der größten Redner der Antike, der mit eiserner Selbstdisziplin einen angeborenen Sprachfehler überwand. Der beharrliche Erfolgsoptimismus des amerikanischen Präsidenten Franklin Delano Roosevelt (1933 - 1945) und seine Politik des *New Deal* waren hinsichtlich der charismatischen Ausstrahlung und moralischen Überzeugungkraft getragen von der Überwindung einer Kinderlähmung. Die Redewendung ist bevorzugt positiv gedacht, wie dieses Beispiel zeigt.

»Das Ruder herumwerfen« meint eine hochdramatische Anwendung des Umkehrprinzips in höchster Not. Der Ausdruck kommt aus der Seemannssprache. Durch entschlossenes Handeln und eine radikale Kehrtwendung soll der drohende Untergang verhindert werden. Das historische Paradebeispiel dafür ist die Schlacht bei Waterloo (1815), Napoleons gescheiterter Versuch, nach seiner Flucht von der Insel Elba noch einmal in einer militärischen Entscheidung die Macht an sich zu reißen.

Besser gelang es Friedrich dem Großen im Siebenjährigen Krieg (1756 - 1763). Nach der katastrophalen Niederlage von Kunersdorf (1759) drohte sich mit den versprengten Resten seiner geschlagenen Armee der ganze Staat aufzulösen. Als jedoch die siegreichen russischen und österreichischen Generäle den Sieg nicht zu nutzen wussten, warf er das Ruder herum, überwand seine Verzweiflung und mobilisierte neue Kräfte. Hitler hat bis zuletzt gehofft, mit seiner V2 dem längst verlorenen Krieg noch eine dramatische Wende geben zu können.

Ein eher warnender Unterton schwingt mit in der Redewendung »Wehe, wenn der kleine Mann aufs Ross kommt ...« Der Volksmund bezeichnet damit häufig den allgemein gefürchteten Vorgang, dass der Untergebene, der Buckelnde von heute zum Herrn und Gebieter von morgen wird und dann besonders unnachsichtig »den starken Mann markieren« muss. Der kleine Angestellte wird als Abteilungsleiter zum rücksichtslosen Karrieremonster, der beförderte kleine Beamte zum sturen Paragrafenreiter, der neu ernannte Feldwebel zum sadistischen Schleifer. Alle sogenannten Aufstiegsgesellschaften und alle hierarchisch gegliederten Institutionen sind von dieser Spielart des Umkehrprinzips bedroht.

In geschichtlicher Dimension zeigt sie ihre grausamsten Auswirkungen im Verlauf von Revolutionen, wo das Unterste nach oben gekehrt wird und sich fortan im Umkehrverfahren die neue Machtbesessenheit austobt.

Der in der Französischen Revolution von 1789 an die Macht gekommene Dritte Stand hat nicht nur die Monarchie beseitigt und die Aristokratie dezimiert, sondern im Terror der Jakobinerherrschaft unter Robespierre auch in den eigenen Reihen gewütet und die »Feinde des Volkes« guillotiniert. Groteskerweise endete die Französische Revolution nach dem erzwungenen Ende der Monarchie mit der Kaiserkrönung Napoleons 1804, des kleinen Korsen, der über Nacht zum Allergrößten wurde, zweifellos ein furchteinflößendes Genie des Umkehrprinzips mit einem gigantischen Menschenverschleiß.

George Orwell hat in seiner satirischen *Farm der Tiere* diesen Umkehrprozess beispielhaft dargestellt. Die Tiere haben den Ausbeuter Mensch vom Hof gejagt und die Macht erlangt. Die führende Klasse der neuen revolutionären Bewegung sind die Schweine. Sie kämpfen untereinander um die Macht, die schließlich dem Oberschwein »Napoleon« als Sieger zufällt. Im Namen der Tierzivilisation wird nun die Masse der unterdrückten Tiere mit gnadenlosem Terror verfolgt.

Viele der größenwahnsinnigen Diktatoren der Weltgeschichte. so etwa Hitler, Stalin oder Mao, sind aus ärmlichen Verhältnissen hochgekommen und haben der Welt bewiesen, wie richtig die Befürchtung ist, dass vom kleinen Mann, sitzt er erst mal im Sattel, nichts Gutes zu erwarten ist.

Auch im Talionsprinzip - »Auge um Auge, Zahn um Zahn« - wird der harte, bedrohliche Kern des Umkehrprinzips angesprochen, seine Neigung zur Rache, Vergeltung und Ausbildung von Rivalitätsverhältnissen. Der Grundsatz des »wie du mir, so ich dir« führt regelmäßig zu einer endlosen Folge von Umkehr-Vergeltungsaktionen, sei es im Geschwisterverhältnis, in Partnerschaften, im beruflichen Mobbing oder in der großen Politik. Die Weltgeschichte kennt zahllose blutrünstige Vergeltungen: Perser und Griechen, Karthager und Römer, Römer und Germanen, Germanen und Slawen, Kaiser und Päpste, Franzosen und Engländer, Deutsche und Franzosen und was es da sonst noch alles gab. Jahrhundertelang kämpften die Feudalherren des Mittelalters gegen das Unwesen der archaischen Blutrache, die noch heute weltweit bei Warlords und im organisierten Verbrechen an der Tagesordnung ist, während Spielarten des Talionsprinzips im Geschlechterkampf, in der Geschwisterrivalität und im kapitalistischen Konkurrenzkampf anzutreffen sind.

Am geläufigsten und offensichtlichsten ist eine Variante des Umkehrprinzips, die als »Hackordnung« bezeichnet wird. Der Begriff charakterisiert treffend die aggressive, hierarchisch strukturierte Dynamik dieser Ordnung: »nach oben buckeln und nach unten treten«, denn »die Großen fressen die Kleinen« und »den Letzten beißen die Hunde«. Es dürfte wohl kaum irgendeine Institution geben, in der diese »Hackordnung« nicht anzutreffen ist. Sie bestimmt in unserer demokratischen Gesellschaft nach wie vor die Betriebe, Schulen, Kirchen, Verwaltungen, Kasernen, Gewerkschaften, Verbände und andere Gruppierungen.

Dieses Allerweltsverfahren folgt einer simplen Logik: Der eigene Stress, die eigene Schwäche, das eigene Versagen wird nach unten abgeleitet. Es entlastet die eigene Verantwortung, ersetzt Gefühle der Abhängigkeit, Überforderung und Fremdbestimmung durch eine autoritäre und meist aggressive Betonung der eingenommenen Rolle gegenüber Untergebenen, die nun ihrerseits den Druck nach unten weitergeben.

Die roten Zahlen des Konzerns machen dem Vorstand Sorge. Der macht den einzelnen Firmenleitungen Druck. Die machen den Abteilungsleitern Dampf. Die Abteilungsleiter knöpfen sich die Meister vor. Die Meiser bringen die Arbeiter auf Zack. Die genervten Arbeiter lassen ihre Wut an ihren Frauen aus. Die Mütter schreien ihre Kinder an. Die Kinder streiten sich. Der Verlierer zerstört sein Lieblingsspielzeug.

Meist sind diese Umkehr-Ableitungen nach unten mit großer Gereiztheit, einem Verlust an emotionaler Kontrolle und ungerechten Vorgehensweisen verbunden - deutlichen Anzeichen, dass die Kompensation der eigenen Schwäche nur sehr eingeschränkt gelingt. Dennoch ist die entlastende Funktion dieser »Hackordnung« so groß, dass hinsichtlich ihrer psychohygienischer Wirkung in hierarchischen Organisationen ihr Fortbestand fast zwingend erforderlich erscheint, zumindest so lang das Umkehrprinzip gesellschaftlich fest verankert bleibt.

Bekanntlich braucht jede Gruppe ihren Sündenbock, Versager oder Clown, um ihre Identität und das kollektive Selbstgefühl zu stärken. Das Lächerlichmachen wie die Versager- und Schuldzuschreibungen vermitteln ein Gefühl der Überlegenheit und blenden die eigenen Schwächen aus. Dies wird vor allem in der entlastenden Funktion von Feindbildern deutlich, wie die Kriegspropaganda weltweit zeigt. Die Feindbildprojektionen lenken von den eigenen Niederlagen ab, sei es in der Tagespolitik, bei kriegerischen Auseinandersetzungen, bei sozialen Spannungen oder in wirtschaftlichen Krisen. Der beschuldigte Gegner wird in aller Regel moralisch minderwertig gezeichnet, sodass zumindest schon mal die eigene Integrität außer Frage steht.

Auch diese Variante des Umkehrprinzips - vom Sündenbock über die Versagerzuschreibung bis zum Feindbild - ist universal. Jede Gruppe neigt dazu, eigene Ängste und Unsicherheiten durch einen propagierten Außenfeind unter Kontrolle zu bringen, also die eigene Schwäche nach außen zu verlegen. Dieser Umkehrmechanismus bestimmt auch die Abgrenzung wissenschaftlicher, theologischer oder therapeutischer Fachrichtungen gegeneinander.

Die angeführten Beispiele und Redewendungen haben gezeigt, dass das Umkehrprinzip in seinen verschiedenen Ausprägungen längst bekannt ist und es jederzeit im Alltag oder auch in der Vergangenheit ausgemacht werden kann. Umso erstaunlicher ist die Tatsache, dass dieses universale und in seinen fatalen Langzeitfolgen kaum zu überschätzende Prinzip bislang nicht im Zusammenhang gesehen, beschrieben und auf seine Ursprungs- und Entwicklungsbedingungen hin untersucht worden ist. Dies gilt in gleicher Weise für die Geschichtsforschung, die Anthropologie, die Sozialwissenschaften, die Politik, die Erziehungswissenschaften, die Psychologie und Psychotherapie. Das Umkehrprinzip ist als Vorgang allgegenwärtig, betreibt jedoch eine beeindruckende Mimikry. Wir werden sehen, warum das so ist.

Thema mit Variationen

Das Umkehrprinzip ist also wohlbekannt und eine ganz alltägliche Angelegenheit. Wir alle sind ihm schon begegnet und haben in unserem Leben von ihm Gebrauch gemacht.

Es regelt unser seelisches Gleichgewicht und bestimmt unsere zwischenmenschlichen Beziehungen, unser Familienleben, unsere Partnerschaften und das Verhältnis zu unseren Kindern. Die Spielregeln des Berufs- und Wirtschaftslebens folgen ebenso der Logik des Umkehrprinzips wie die bürokratischer Organisationen, politischer Konflikte oder religiöser Gemeinschaften. Wir finden es als ein höchst dynamisches Agens in allen Bereichen der Gegenwart wie auch als geschichtsmächtiger Antrieb in früheren Zeiten und Kulturen. Es strukturiert unseren psychischen Innenraum wie auch den gesellschaftlichen Außenraum. Es ist ein individualpsychologisches wie auch ein sozial- und massenpsychologisches Phänomen. Philosophen, Theologen, Therapeuten und Pädagogen ist es ebenso vertraut wie Gesellschafts- und Geschichtswissenschaftlern. Nur hin und wieder, sehr vereinzelt, treffen wir auf Menschen, Gruppen oder Naturvölker, die das Umkehrprinzip nicht praktizieren. Demnach können wir getrost davon ausgehen, dass die allermeisten Menschen von ihm Gebrauch machen.

Thema

Das Umkehrprinzip besagt, dass eine Situation, die mit dem Erleben von Angst, Schwäche, Unterlegenheit und Beschämung verbunden ist, auf bestimmten Wegen in eine gegensätzliche Position umgekehrt wird, die das Erleben von Stärke, Überlegenheit, Selbstzufriedenheit und sozialer Aufwertung ermöglicht. Sowohl im subjektiven Erleben als auch in der sozialen Einschätzung handelt es sich dabei um eine Aufwärtsbewegung, eine Stärkung der eigenen Position, eine Bewegung vom Minus- zum Pluspol, die mit einer deutlichen Angstminderung und einer Aufbesserung des Selbstwerterlebens einhergeht. Das Umkehrprinzip ist demnach eine universale Bewältigungsstrategie, die erlaubt, mit einer inferioren Ausgangslage fertigzuwerden.

Variationen

1. Ein Autofahrer missachtet die Vorfahrt und verursacht fast einen Unfall. Erregt springt er aus dem Wagen und wirft der Vorfahrtberechtigten vor, viel zu schnell in die Kreuzung eingefahren zu sein. Die Frau ist so verdutzt, dass sie kein Wort der Entgegnung findet.

2. Ein Kind, das verspätet zum Essen nach Hause kommt, läutet Sturm an der Haustür und überschüttet die Mutter mit Vorwürfen, dass es so lange dauert, bis da mal geöffnet wird. Es übertönt die eigene Schuldangst und zwingt die Mutter (zunächst) in die Verteidigung.

3. Freimütig bekennt eine Frau in einem Beratungsgespräch: »Immer, wenn es mir schlecht geht, besuche ich meine Freundin, der es noch weit beschissener geht als mir und spreche mit ihr. Hinterher fühle ich mich dann jedes Mal besser.«

4. Herr F., der heute im Betrieb einen wichtigen Termin vermasselt hat, kommt gereizt nach Hause und macht seinem Sohn eine Riesenszene, weil der vergessen hat, Vokabeln für eine anstehende Prüfungsarbeit zu lernen. Nach dem Krach fühlt sich der Vater erleichtert. Kurze Zeit später reagiert der Sohn seinen Frust an der kleinen Schwester ab.

5. Der Pantoffelheld, der zuhause niemals wagen würde, gegen seine dominante Frau aufzumucken, führt am Stammtisch das

große Wort, prahlt mit seiner Männlichkeit und zieht gegen die »Scheißweiber« vom Leder. Er ist in der Runde Gleichgesinnter sehr beliebt und kommt mit solche Sprüchen groß heraus.

6. Eine selbstunsichere Lehrerin, die früher mal eine recht mittelmäßige Schülerin gewesen ist, verschafft sich über einen kompromisslosen Noten- und Leistungsdruck Respekt und erstickt jegliche Kritik im Keim. Zugleich verdrängt sie ihre Selbstzweifel durch Vorwürfe an ihre Kollegen, allzu lasch und nachgiebig zu sein.

7. Ein Ehemann blickt neiderfüllt auf den beruflichen Erfolg eines allseits beliebten Kollegen und dessen höheres Einkommen. Um nicht mit den eigenen begrenzten Fähigkeiten konfrontiert zu werden, preist er gegenüber seiner ehrgeizigen Frau die Tugend der Anspruchslosigkeit und bezieht daraus das Gefühl moralischer Überlegenheit.

8. Der ohne größere Praxiserfahrung und gegen begründete Vorbehalte der Mitarbeiter eingesetzte Abteilungsleiter überspielt seine Unsicherheit und mangelnde Kompetenz mit herrischem Auftreten, zwanghaften Kontrollen und einer knallharten Personalpolitik.

9. Die Frau eines anerkannten Wissenschaftlers leidet unter Gefühlen der Minderwertigkeit, weil ihr Mann ihr wiederholt den Vorwurf mangelnder Bildung und eines schlechten Geschmacks gemacht hat. Sie rächt sich durch eine intime Beziehung zu einem seiner Fachkollegen, der ihre natürliche Ausstrahlung bewundert.

10. Herr K. zeigt mit seinen dreißig Jahren immer noch ein von ängstlicher Unterwürfigkeit geprägtes Verhalten gegenüber seinem despotischen Vater. Sieht er sich gezwungen, mit übergeordneten Autoritätspersonen sprechen zu müssen, dann redet er ungewöhnlich laut und schnell, um so (kontraphobisch) seine Angst zu übertönen.

11. Frau B. ist 72 Jahre alt und kann sich nur widerwillig mit ihren Beschwerden abfinden. Durch eine Atmosphäre stummen Leids bindet sie ihre 39-jährige Tochter an sich und kontrolliert sie beherrschend über nie ausreichend zu befriedigende Wünsche und Ansprüche, sodass die Tochter mit verstärkten Anstrengungen darauf reagiert, um aus ihren Schuldgefühlen herauszukommen.

12. Die Opposition überdeckt die Zerstrittenheit innerhalb der eigenen Reihen durch einen künstlich hochgespielten Skandal in der Regierungspartei, den sie unverhältnismäßig ausschlachtet, um so von ihrer eigenen Schwäche abzulenken.

13. Unter Papst Johannes Paul II. antwortete die katholische Kirche auf die veränderten gesellschaftlichen Verhältnisse, die wachsende innerkirchliche Kritik, die massenhaften Austritte und das Abdriften vieler Gläubigen zur Esoterik nicht mit kritischer Selbstbesinnung, sondern mit dogmatischer Verhärtung, verstärkten Ausgrenzungen, einer restriktiven Familienpolitik und einem telewirksamen Gepränge.

14. Fast jede Regierung reagiert auf die Zuspitzung innenpolitischer Konflikte mit der Demonstration außenpolitischer Stärke, mit propagandistischer Vernebelung und einem verstärkten Druck auf Dissidenten, wie dies Ende 1989 am Beispiel der DDR, der CSSR und Rumäniens zu beobachten war.

15. Je verzweifelter die militärische Lage eines kriegführenden Landes ist, desto vollmundiger sind die Frontberichte und desto markiger die Durchhalteappelle und Endsiegparolen (Musterbeispiel Stalingrad).

16. Von Jahr zeichnen sich die Grenzen des Wachstums und drohende ökologische Katastrophen deutlicher ab. Im Gegenzug werden die Autosalons, die Superschauen, die Verkaufsmessen und Warenangebote immer luxuriöser, um unbegrenzte Konsummöglichkeiten vorzutäuschen.

Die Variationen ließen sich beliebig erweitern. All diesen Beispielen ist gemeinsam, dass eine Schwäche in eine vermeintliche Stärke umgewandelt wird und durch diese Vorwärtsstrategie eine Begegnung mit dem eigenen Schatten vermieden wird. Sicher werden Sie beim Lesen dieser Beispiele an zahlreiche eigene Beobachtungen und Erfahrungen erinnert worden sein. Sie werden jedoch bei kritischer Selbstprüfung auch bei sich selbst mehr oder weniger ausgeprägte Umkehr-Neigungen entdecken.

Schon anhand dieser wenigen Beispiele dürfte deutlich geworden sein, dass es sich zumeist, wenn auch nicht immer, um fragwürdige Methoden der Problemlösung und um brüchige Formen der Selbstbehauptung handelt.

Wir beobachten das Auftreten des Umkehrprinzips aller Orten und fast ständig in allen zwischenmenschlichen Bereichen. Es setzt jedoch bei seinem Auftreten bereits eine gewisse innere Gewohnheit voraus, die zu einem bestimmten Zeitpunkt und unter besonderen Umständen in Gang gekommen sein muss. Wann und unter welchen Bedingungen geschieht das? Wie kommt intrapsychisch dieses Umkehrprinzip in uns in Bewegung? Ist es naturgegeben oder anerzogen, genetisch festgelegt oder milieubedingt? Schafft oder zerstört es spezifisch Menschliches? Nützt oder schadet es?

Diese Fragestellungen werden uns im Folgenden beschäftigen. Sie sind nicht nur für eine ethische Bewertung wichtig, sondern auch für das Verständnis der individual- und sozialpsychologischen Zusammenhänge.

Früheste Umkehr-Phänomene

Die Vermutung liegt nahe, dass das Umkehrprinzip vom Tag der Geburt an wirksam ist. Gibt es Anzeichen dafür?

Freuds Beispiel setzt bei dem eineinhalbjährigen Kind zwar nur rudimentäre Sprachkenntnisse voraus, dafür jedoch eine bereits fortgeschrittene Fähigkeit zum symbolischen Spiel. Diese Symbolisierungsfähigkeit entwickelt sich nach und nach in der zweiten Hälfte des ersten Lebensjahres. Das Umkehrprinzip ist nicht ans Wort gebunden. Es kann auch averbal, über die Körpersprache, über intentionale Akte oder im Beziehungsgeschehen zum Ausdruck kommen. Statt eines differenzierten Affektausdrucks und des üblichen Sprachhandelns finden wir, wenn wir uns den frühesten Lebensphasen nähern, elementare ganzheitlich-vitale Äußerungen, die körpersprachlich vermittelt werden. Die Bedürfnisregulation des Säuglings (Nahrung, Schlaf-Wach-Zyklus, Kontakt, Reizschutz) pendelt zwischen einer zugewandten Vereinigung mit der bedürfnisbefriedigenden Mutter und einer verneinenden Abwehr bei misslingenden Interaktionen.

Das erste Beziehungserleben kommt über sinnliche Anreize und das »Halten« der Mutter in Gang. Einer »durchschnittlich guten Mutter« (»good enough mother«/Winnicott) gelingt es, den Säugling in eine bewahrende Umwelt einzubetten und eine normale Entwicklung zu ermöglichen. Nicht selten aber entgleist dieser frühe »Dialog« (René Spitz, dt. 1988), weil der Säugling ein Mindestmaß an Gehaltenwerden, emotionaler Einfühlung, sinnlicher Stimulierung oder Reizabschirmung entbehren muss, sodass frustrierende Spannungen übermächtig werden. Der Säugling reagiert darauf mit einem entgleisten Schlaf-Wach-Zyklus, mit Ess- und Verdauungsstörungen, mit Durchfall, Hautaffektationen und kann zum Schreikind werden.

Unter solchen Umständen kann nun selbst ein hilfloser Winzling eine verzweifelte Mutter hilflos machen, wenn er die Nahrung verweigert oder stundenlang schreit und nachts den Eltern über Monate hin den Schlaf raubt. Nicht selten finden wir in der frühen Lebensgeschichte von Kindern, die in den Therapiestunden genüsslich alle möglichen Formen des Umkehrprinzips inszenieren, Anzeichen dafür, dass schon in den ersten Wochen der erwähnte Dialog zwischen der Mutter und dem Säugling entgleist ist. Aus verschiedensten Gründen konnte sie sich nicht angemessen auf ihr Kind einstellen, auf sein bloßes Da-Sein, seinen Rhythmus und seine basalen Bedürfnisse. Das Kind antwortete darauf mit massiven Verhaltensauffälligkeiten und dramatischen körperlichen Reaktionen, bis die Mutter an die Grenze ihrer Kräfte kam.

Entsprechend der totalen existenziellen Abhängigkeit des Säuglings von seinen Eltern verlaufen diese (symptomatischen) Umkehr-Reaktionen, verglichen mit den reiferen Formen, auf einer elementaren Ebene und muten wie ein verzweifelter Überlebenskampf an. Das Wesentliche dieses energiegeladenen Umkehr-Dramas liegt darin, dass sich in solchen Fällen die Eltern nicht auf die im Säugling verkörperte Schwäche als solche (als Teil ihres Selbst) emotional einstellen können. In ihrem unbewussten Erleben sprechen sie allem Kleinen, Schwachen und Hilflosen die Daseinsberechtigung ab, sodass der Säugling mit Signalen höchster Not um sein Überleben kämpfen muss. Die unbewusste Abspaltung des eigenen hilflosen inneren Kindes wird bei den Eltern vor allem dann offenkundig, wenn sie die dramatischen Reaktionen des Säuglings als bloße Unart eines kleinen Tyrannen missdeuten, wie das nicht selten zu beobachten ist.

Je weiter wir in die Lebensgeschichten zurückgehen, desto klarer erscheint das Umkehrprinzip in dieser elementaren vitalen Form, vorsprachlich und existenziell. Daraus müssen wir schließen, dass wir im innersten Kern der späteren reifen Formen Spuren dieses frühesten Traumas finden werden. Hinter dem brüchigen Selbstwerterleben werden dann meist archaische

Ängste greifbar, nicht gehalten und geliebt zu sein, keine Daseinsberechtigung zu haben, missachtet und verlassen zu werden oder ständig existenziell bedroht zu sein.

Auf dem Grund des Umkehrprinzips lauert demnach die existenzielle Bedrohung. Menschen, die in ihrem späteren Leben ausgeprägte Umkehrbereitschaften zeigen, konnten meist in frühester Kindheit kein ausreichendes »Urvertrauen« (E. Erikson) aufbauen. Sie suchen ein Leben lang, ihr defizientes Selbst über Umkehr-Akte zu kompensieren.

Als Vorstufe des symbolischen Spiels hat der englische Kinderpsychiater Winnicott zwischen dem vierten und dem zwölften Lebensmonat das Auftreten von sogenannten »Übergangsobjekten« oder »Übergangsphänomenen« beobachtet und beschrieben (1951, dt. in PSYCHE Nr. 23, 1969). Das Kind greift - meist beim Einschlafen - nach einem Zipfel des Leintuchs und steckt ihn zusammen mit den Fingern in den Mund, oder es saugt an einem Stück Tuch oder einer Windel, oder es zupft Fäden aus der Decke und wiegt sich mit Lalltönen in den Schlaf, oder es hat ein Lieblings-Stofftier usw. Dieses minimale »Spielzeug« gehört einer Entwicklungsphase an, in der der Übergang von der Verschmelzung mit der Umwelt zur Trennung von ihr vom Kind schmerzlich erfahren wird und bewältigt werden muss, sodass diese Hilfen vor allem im Übergang vom Wachen zum Schlafen benötigt werden zur Abwehr von Ängsten, insbesondere überwältigenden Verlustängsten.

Diese Übergangsobjekte sind in einem Wechselspiel von Innen- und Außenwelt angesiedelt, in einem kreativen Zwischenbereich und können als Vorstufe der späteren spielerischen Kreativität angesehen werden. Die Analogie zum weiter entwickelten Garnspulenspiel des kleinen Jungen ist unmittelbar einleuchtend. Übergangsphänomene sind demnach ebenfalls als Umkehr-Vorläufer zu verstehen, weil sie dem Kind ermöglichen, in seiner Fantasie eine depressive Episode zu bewältigen. In diesem Fall ist das Verfahren durchaus positiv zu sehen.

Ich gehe also davon aus, dass das Umkehrprinzip von den ersten Lebenstagen eines Menschen an wirksam ist und sehe im Erwachsenen-Kind-Verhältnis die wichtigste Reproduktionsstätte für seine Entfaltung. Wir werden sehen, warum das so ist.

Allmächtige Riesen und dienstbare Zwerge

Das Erwachsenen-Kind-Verhältnis ist d i e Brutstätte des Umkehrprinzips. Es verleitet wie kein anderes zwischenmenschliches Verhalten zu ständigen Umkehrbereitschaften und -reaktionen. Warum ist das so? Und weshalb setzt, wie ich behaupte, die Erhellung des Umkehrprinzips ein radikalkritisches Überdenken der Erziehung voraus?

Die Antwort ist sehr einfach: Weil im Eltern-Kind-Verhältnis selbst beste Voraussetzungen für das Wirksamwerden des Umkehrprinzips vorstrukturiert sind in der simplen Tatsache, dass Riesen mit Zwergen zusammenleben. Sie sorgt dafür, dass der erzieherische Eingriff in aller Regel die vom Umkehrprinzip gebotenen Möglichkeiten mehr oder weniger ausschöpft (primäre Form), sodass die Kinder in der Folgezeit nun ihrerseits r e a k t i v vom Umkehrprinzip Gebrauch machen (sekundäre Form). Die leidige Folge ist ein sich selbst verstärkender Teufelskreis ständiger Reproduktionen des Umkehrverfahrens, bis es bei den Heranwachsenden schließlich charakterlich verfestigt ist und später an die eigenen Kinder und andere Menschen weitergegeben wird.

Die Grundstruktur

Es ist wichtig zu sehen, dass diese Grundstruktur des Eltern-Kind-Verhältnisses (Riesen/Zwerge), die zur Anwendung des Umkehrprinzips befähigt, zunächst noch nichts mit Erziehung zu tun hat, sondern nichts weiter als eine universale anthropologische Tatsache ist, zwar nicht vollständig, aber doch weitgehend unabhängig von historischen Gegebenheiten und kulturellen Unterschieden. Diese, das Umkehrprinzip befördernde Grundstruktur des Eltern-Kind-Verhältnisses besteht im Wesentlichen in einer tiefen Kluft zwischen Riesen und Zwergen, in unaufhebbaren Differenzen, in tiefgreifenden Wesensunterschieden. Sehen wir uns die wichtigsten an:

Zwerge sind kleiner und schwächer als Riesen (1)

Diese Aussage ist denkbar banal. Es ist jedoch erstaunlich, wie wenig diese fundamentale Tatsache in der Entwicklungspsychologie, in pädagogischen Diskussionen oder in psychotherapeutischen Fallbesprechungen bedacht wird. Jedes kleine Kind wird hundertfach am Tag mit der zumeist kränkenden Erfahrung konfrontiert, (zu) klein und schwach zu sein. Der Erwachsene kann sich annähernd in diese Zwergenerfahrung einfühlen, wenn er sich e r n i e d r i g t , sich auf den Boden setzt und die Welt aus dieser Froschperspektive wahrnimmt. Das Reich der Erwachsenen ist gigantisch, und stehen diese Riesen gar drohend oder tobend vor einem, so werden sie zu wahren Monstern. Ständig bekommt das Kind diese erdrückende körperliche Überlegenheit der Erwachsenen zu spüren. Die Riesen heben mühelos gewaltige Lasten, sie reichen höher hinauf, sehen wie Türme weit ins Land, sie laufen schneller und weiter, sie können die Kleinen festhalten und in die Luft werfen, doch am schlimmsten: Sie können die Zwerge schlagen, einsperren und ihnen entsetzlich weh tun. Immer bekommen die Zwerge zu hören: »Dazu bist du noch zu klein!«

Zwerge können und wissen weniger als die Riesen (2)

Alles müssen sie erst lernen: krabbeln, sitzen, laufen, sprechen, trocken und sauber werden, Treppen steigen, hüpfen, springen, mit Messer und Gabel umgehen, Fahrrad fahren, schwimmen und paddeln, basteln und Werkzeuge gebrauchen, lesen und schreiben, das Einmaleins - überhaupt Schule ... Egal ob es um motorische, affektive, kognitive oder soziale Leistungen geht, um normative Anforderungen, um Schulleistungen oder Kulturtechniken - immer erlebt sich das Kind unterlegen, als ein Defizitwesen im Vergleich zu den erwachsenen Alleskönnern und Alleswissern. Immer sind ihm die Riesen um (mindestens) einen Schritt voraus und unzählige Male hört das Kind den Satz: »Das kannst du noch nicht!«, verbunden mit der demütigenden Begründung: »Dazu bist du noch zu klein!« (wie gehabt). Die Messlatte liegt bei den Riesen. Sie allein entscheiden über das schon Erreichte und das Ausmaß des Noch-nicht. Ihre Leistungserwartungen werden zum Maß aller Dinge, unberechenbar und nicht selten bedrohlich für die Zwerge.

Zwerge erleben die Welt ganz anders (3)

Für die Erwachsenen ist die Welt geordnet und überschaubar. Das klar Verständliche überwiegt. Alles hat einen Namen, der den Gegenstand oder einen Vorgang in ein logisches Raster und in ein System verständlicher Bedeutungen und Begrifflichkeiten einordnet. Die Zwerge hingegen sehen sich einer zunächst völlig chaotischen und unverständlichen Welt ausgesetzt, einer Welt voller Rätsel und Geheimnisse, Ängste und böser Überraschungen. Bis in die ersten Schuljahre hinein sind sie dem magischen Denken verhaftet, erleben die Welt von bedrohlichen Kräften belebt. Noch ein Zehnjähriger behauptete allen Ernstes, dass ein Krebskranker einen lebenden Krebs ins sich habe, der ihn nach und nach auffresse. Bis in die Pubertät hinein müssen die Kinder ihren Zeit- und Raumsinn schulen und das unendliche Arsenal menschlicher, natürlicher und technischer Phänomene in aufsteigenden logischen Ebenen begreifen und emotional verarbeiten - eine Welt voller Ungereimtheiten.

Zwerge sind wissbegierig und erfinderisch (4)

Die Weltoffenheit eines beginnenden Kinderlebens erklärt die erstaunliche Explorationsfreude und Wissbegier kleiner Kinder und ihr magisch-symbolisches Deuten. Da sie noch nicht einer logisch-zweckgebundenen Durchdringung der Welt verpflichtet sind, eröffnen sich Freiräume für kreative Fantasien und Handlungen. Im Vergleich dazu wirken die Erwachsenen oft stumpf, uninteressiert, träge und fantasielos und scheinen sich auf ihren festgefahrenen Gewohnheiten auszuruhen. Die Zwerge hingegen können noch mit großen Kulleraugen staunen. Ihre Neugier ist grenzenlos. Sie sind Wissenschaftler, Künstler, Wortakrobaten, Forschungsreisende und Zauberer in einer Person.

Zwerge sind weniger verklemmt als die Riesen (5)

Jeder weiß, wie offenherzig kleine Kinder Zärtlichkeiten und Abneigungen zum Ausdruck bringen können, wie sehr sie nach Zuwendung hungern und wie spontan sie ihre Wünsche, Gefühle, Bedürfnisse, Befürchtungen und Fantasien äußern. Erst mit der Koordination der Motorik, der Differenzierung der Gefühle sowie den kognitiven Leistungen und der Bildung von Über-Ich-Strukturen lernt das Kind Triebaufschub und Impulskontrolle. Der durch die Realität auferlegte Fremdzwang wandelt sich nach und nach in einen verinnerlichten Selbstzwang. Allerhand Filter, Schranken und Widerstände bestimmen nun statt der ursprünglichen Spontaneität das Spiel der Zwerge, ihre Sprache und die Beziehungsgestaltung in Annäherung an das Verhalten der Riesen. Dieser Prozess reicht bis in die Pubertät hinein.

Die Riesen haben Mühe, die Ängste und Besorgnisse der Zwerge zu verstehen (6)

Die Welt der Zwerge ist nicht nur reizvoll, sondern auch voller Schrecken, Gefahren und böser Überraschungen. Sie ist voller Gespenster, Monster, gefährlicher Tiere und ängstigender Träume. Es sind ganz reale Ängste, verschlungen, zerrissen oder fallengelassen zu werden. Oft sind sie der Panik nahe. Inhaltlich handelt es sich häufig um äußerst bedrohliche Vernichtungs-, Fragmentierungs-, Trennungs- und Verlustängste sowie um projizierte Triebängste, die vom Kind aufgrund seiner noch geringen Ich-Stärke kaum zu bewältigen sind und nicht selten zu einer Angstüberflutung führen. Sowohl die Natur wie auch die dingliche Welt und das undurchschaubare Regelwerk der Riesen werden von den Zwergen irrational erfahren. Jede Minute laufen sie Gefahr, irgendwelche Gesetze zu übertreten und dafür bestraft zu werden oder die Folgen schmerzhaft zu erfahren. Die ganze Umwelt wird - auch in der Verkörperung der Erwachsenen - zu einer bedrohlich strafenden Angelegenheit. Diese Erfahrung einer potenziell gefährlichen Welt hält die Zwerge in ständiger Angstbereitschaft, die sie zum Gehorsam veranlasst und erziehbar macht. Ihre Angst wird durch reale Gefahren, Schrecknisse oder ein bedrohliches Verhalten der Riesen ausgelöst. Verinnerlicht wird sie zur Gewissensangst. Durch die Fähigkeit der Großen, ihre Welt mit ihrem Verstand zu begreifen und mögliche Gefahren vorherzusehen (Probehandeln), haben sie wesentlich mehr Möglichkeiten, Schwierigkeiten aus dem Weg zu gehen.

Die Zwerge können nicht ohne die Riesen leben (7)

Je kleiner das Kind, desto mehr ist es auf die Zuwendung und Pflege der Eltern angewiesen. Auch Heranwachsende brauchen noch deren materielle und emotionale Versorgung, ihre Umsicht und Hilfsbereitschaft. In den ersten Lebensjahren treffen die Erwachsenen alle das Kind existenziell betreffenden Entscheidungen, so etwa hinsichtlich des Essens, der Kleidung, der Einrichtung des Zimmers, des Zubettgehens, der Spiele und Kontakte, der nötigen Arztbesuche, des Kindergartens und der Einschulung, des Urlaubs und was es da sonst noch alles gibt. In erster Linie entscheiden die Riesen jedoch, was falsch und was richtig ist, und werden so für die Zwerge zur Gerichtsinstanz. Die Eltern hingegen sind nicht e x i s t e n z i e l l von ihren Kindern abhängig. Sie sind es lediglich entsprechend ihrer emotionalen Bindung.

Diese sieben Gesichtspunkte sind für eine Wesensbestimmung des Abstands der Riesen zu den Zwergen nicht mehr als eine dürftige Skizze. Sie genügt jedoch, um verständlich zu machen, warum diese Grundstruktur des Erwachsenen-Kind-Verhältnisses noch v o r einer wie auch gearteten Erziehungseinwirkung einen fruchtbaren Nährboden für ein florierendes Umkehrprinzip bietet. Die Bilanz, die sich aus diesen sieben Punkten ergibt, geht hinsichtlich der Macht- und Abhängigkeitsverhältnisse eindeutig zu Lasten der Kinder. Selbst deren Stärken, ihre Spontaneität, ihr Bewegungsdrang sowie ihre Entdeckungsfreude und Kreativität wird oft zur Zielscheibe einschränkender Maßnahmen, da sie den Gewohnheiten und Normen der Erwachsenen nicht selten widersprechen oder als störend empfunden werden. Häufig zeigt sich dies darin, mit welchem Unverständnis Eltern dem symbolischen Spiel der Zwerge oder ihrer Umtriebigkeit begegnen.

Zwergenleid und Kindheitsamnesie

Glückliche Kindheit? Es mag Ausnahmefälle geben. In aller Regel ist sie jedoch alles andere als ein Paradies auf Erden und weitgehend von den aufgeführten Unterlegenheitsgefühlen bestimmt. Man weiß heute, dass die Kindheit umso mehr idealisiert wird, je schrecklicher sie gewesen ist. Machen Sie in einer ruhigen Stunde doch mal den Versuch, Einzelheiten dieser sieben Ärgernisse vor ihrem fünften Lebensjahr zu erinnern. Es wird Ihnen nicht gelingen. Ich habe in meinen Seminaren häufig diese kleine Übung veranlasst. Die Ergebnisse waren immer ganz ähnlich. Nur Wenige kamen bis ins vierte Lebensjahr zurück und so gut wie niemand ins dritte. Und was da erinnert wurde, war äußerst bruchstückhaft. Des waren winzige Inseln im großen Ozean des Vergessens. Warum ist das so?

In den begleitenden Elterngesprächen zur Behandlung eines Jungen erfuhr ich sogar mal den extremen Fall, dass sich der Vater an nichts erinnern konnte, was vor dem zwölften Lebensjahr lag. Anfangs wollte ich es nicht glauben. Doch es war tatsächlich so. Die Bearbeitung führte dann in nur wenigen Stunden auf die Ursache dieses drastischen Erinnerungsverlustes (Amnesie) zurück: Im Kindergarten hatte ihm ein Junge mit einem kleinen Eisenspaten so heftig auf die Nase geschlagen, dass sie brach und die Blutung kein Ende nehmen wollte. Fortan war die Nase entstellt, und er wurde in der Schule als »Schlitznase« verspottet, ohne sich wehren zu können - eine schreckliche Erfahrung, die bis ins zwölfte Lebensjahr anhielt. Da kam er auf eine andere Schule und die Leidenszeit nahm ein Ende. Mit der Bearbeitung dieser Traumatisierung war der Erinnerungsausfall weitgehend aufgehoben und fielen dem Vater zahlreiche weitere Szenen aus der Schulzeit ein.

Wir sehen also, wie sehr traumatisierende Erfahrungen das Erinnerungsvermögen nachhaltig beeinträchtigen. Der Mensch hat ein Freudengedächtnis und ist bestrebt, es sich dadurch zu erhalten, dass er alles Unangenehme möglichst auszulöschen sucht. Mit Erfolg, wie wir gesehen haben. Freud hat die infantile Amnesie aus der Verdrängung erklärt, der die frühe Sexualität unterliegt und die fast alle Kindheitserinnerungen bis zum Untergang des Ödipuskomplexes und dem Beginn der sogenannten Latenzzeit mit etwa fünf bis sechs Jahren betrifft. Diese soll bis zur Vorpubertät andauern und von einem auffälligen sexuellen Desinteresse bestimmt sein.

Während meiner Weiterbildung zum analytischen Kinder- und Jugendlichen-Psychotherapeuten habe ich das für bare Münze gehalten. Heute, nach zwanzigjähriger Berufserfahrung, sehe ich es anders. In Zeiten des Internets kann von einer Phase der Latenz nur noch sehr eingeschränkt die Rede sein. Wie ich aus freimütigen Geständnissen weiß und ich mehrfach selbst beobachten konnte, sind diese Latenz-Kids längst auf allerhand pornografischen Seiten unterwegs und in sexuellen Angelegenheiten nicht mehr hinter dem Mond. Geht es also nicht weit eher um diesen drängenden Wunsch der Kinder, der, wie Freud schreibt, »diese ihre Zeit dominiert«, nämlich »groß zu sein und so tun zu können wie die Großen«?

Wenn dem aber so ist, dann fragt sich, ob psychosexuelle Konzepte im Hinblick auf das Umkehrprinzip zielführend sind. Nicht selten kommt es vor, dass Erwachsene zwar Sexuelles vor dem sechsten Lebensjahr erinnern, aber ungleich mühsamer traumatisierende Ereignisse aus der gleichen Zeit, die von der Familienanamnese her bekannt sind. Meine Überzeugung ist, dass diese infantile Amnesie Erwachsene vor der meist erschütternden inneren Begegnung mit einer unglücklichen Kindheit schützen soll. Die Auseinandersetzung mit unserem inneren Kind ist in aller Regel ziemlich erschreckend.

Das heißt. Selbst wenn sich antipädagogische Konzepte verwirklichen ließen, wenn also Kinder herrschafts- und erziehungsfrei aufwachsen würden, bliebe ihnen das Ärgernis einer existenziellen Abhängigkeit so wenig erspart wie diese Ur-Kränkung des Klein- und Schwachseins. Dazu dann noch der von der Realität häufig geforderte Trieb- und Lustverzicht und die Schrecken unvorhersehbarer Naturkatastrophen, Todesfälle,

Kriegseinwirkungen und vieles mehr.

Demnach verstehe ich die infantile Amnesie ganz allgemein als Löschung einer traumatisierenden Kindheit. Schon die skizzierte Grundstruktur im Eltern-Kind-Verhältnis macht eine generelle Verdrängungstendenz verständlich. Noch plausibler wird diese seltsame Kindheitsblindheit, wenn die verschütteten Ruinen frühester Zeiten ausgegraben werden, die Schmerzen, Kränkungen und

, die unerfüllten Sehnsüchte und Hoffnungen, die Bestrafungen und Zurückweisungen, die Bedrohungen und Schrecknisse, Situationen der Einsamkeit und panischer Angstzustände bis hin zu sexuellen Übergriffen und körperlichen Misshandlungen.

Auch bei einer nicht neurotischen Verarbeitung filtern wir in unserer Erinnerung das aus der Vergangenheit heraus, was unser Selbstbild stützt und die Fiktion einer ganz normalen Kindheit aufrechterhält. Häufig zeigt sich die Abspaltung schmerzlicher Kindheitserinnerungen entweder in übertriebenen Idealisierungen oder in allzu negativen Entwertungen. In beiden Fällen handelt es sich um Abwehrformen, die verallgemeinern und so eine affektive Begegnung mit ganz spezifischen leidvollen Erlebnissen verhindern. Wird die verallgemeinernde Distanzierung aufgegeben, dann kommt in aller Regel ein depressiv eingefärbter Hintergrund zum Vorschein.

Archäologie des inneren Kindes

Jeder von uns trägt ein beschädigtes inneres Kind mit sich herum. Seine Bergung und Wiederbelebung ist schwierig und schmerzhaft. Die Annäherung gleicht einer sorgfältigen archäologischen Ausgrabung. Nach erfolgreicher Suche finden sich lediglich kümmerliche Reste, aus denen in geduldiger Hinwendung nach und nach das Gewesene erschlossen werden kann.

Ich will zur Verdeutlichung dieser mühseligen Annäherung und entsprechender Widerstände noch einmal zurückkommen auf das soeben erwähnte Beispiel des Vaters, der sich nicht hinter sein zwölftes Lebensjahr zurück erinnern konnte. Über ein Jahr hin bestand er ebenso hartnäckig wie überzeugt auf der Fiktion einer glücklichen Kindheit, obwohl ihm bewusst war, dass er als einziges von fünf Kindern schon im ersten Lebensjahr zu den Großeltern gegeben worden war und dort bis zu seinem fünften Lebensjahr blieb. Er begründete sein positives Urteil damit, dass die Großeltern sehr liebevoll gewesen seien und er es bei ihnen eher besser gehabt habe als seine Geschwister bei den Eltern, da seine Mutter arbeiten musste und nur wenig Zeit für die Kinder hatte.

In seiner Charakterstruktur war überdeutlich, wie sehr er seine wahren Gefühle rationalisierend unter Kontrolle hielt. Immer wieder behauptete er, keinerlei Erinnerung an die Zeit vor der Pubertät zu haben, bis ihm schließlich die traumatisierende Verletzung einfiel. In Todesangst sei er damals nach Hause gelaufen. Die Nase musste genäht werden. Seine nachfolgende Schulangst rührte daher, dass ein Lehrer, von dem er sich nicht angenommen und verstanden fühlte, ihn wiederholt als »Schlitznase« titulierte und ihn dadurch dem Gelächter der ganzen Klasse preisgab. Im Gefolge dieser Eröffnung führte seine Erinnerung darauf zurück, dass er sich die Liebe der Großeltern stets durch Wohlverhalten und eine frühzeitige Vernünftigkeit erkaufen musste. In einer der Folgestunden kam ihm plötzlich eine weitere Erinnerung, die ihn sehr betroffen machte: Schon als kleiner Junge hatte er sich immer einen Fußball gewünscht. Den habe er jedoch nie erhalten und das habe ihn furchtbar geärgert. Eigentlich sei er »ein richtiger Lausbub« gewesen, dies aber bei seinen Großeltern nie richtig sein dürfen. So habe er ihnen auch nicht erzählt, dass er mit fünf Jahren einmal von einer Leiter gefallen war und sich dabei »fast das Genick gebrochen« hätte.

Nach vielen Umwegen, begleitet von massiven Widerständen, trat dann eine tief verdrängte Szene ins Bewusstsein. Er sei auch mal in einem Heim gewesen und hatte sich dort unglücklich und sehr einsam gefühlt. Eines Tages habe ihn sein Vater dort mit dem Mofa besucht. Beim Abschied sei er dem Vater noch vors Haus gefolgt und dem Davonfahrenden traurig noch ein Stück weit nachgelaufen. Bevor der Vater über eine entfernte Bergkuppe gefahren sei, habe er angehalten und ihm zugewinkt. Er jedoch habe das als Zeichen zu kommen verstanden, in der Meinung, der Vater würde ihn mit sich nach Hause nehmen und sei überglücklich losgerannt. Doch da war der Vater schon hinter der Bergkuppe verschwunden. Bei der Schilderung dieser Szene traten dem Vater in der Stunde erstmals Tränen in die Augen. Doch schon machte er sich, um seine Betroffenheit abzuwehren, über das dumme Kind lustig, das er damals gewesen sei, ohne zu merken, welch grausamen Kindesmord er in diesem Augenblick an sich selbst verübte.

Schon diese knappe Skizze macht den drastischen Erinnerungsverlust verständlich. Von einer glücklichen Kindheit, wie anfangs behauptet, kann keine Rede sein. Der Junge erlebt bereits ab dem ersten Lebensjahr eine Folge von Traumatisierungen: Die Trennung von den Eltern und Geschwistern, eine durch Anpassung und Wohlanständigkeit erkaufte Pflege durch die Großeltern um den Preis einer Verkümmerung der wahren Gefühle, ein verschwiegener Sturz von einer Leiter, der Aufenthalt in einem Kinderheim, einsam und unglücklich, die erschütternde Szene mit dem Vater, die mit Todesangst verbundene Verletzung seiner Nase, deren Entstellung den Spott des

Lehrers und seiner Mitschüler provoziert und die Schule zur Hölle werden lässt.

Die Illusion einer glücklichen Kindheit fiel wie ein Kartenhaus zusammen und das war gut so, denn dieser Vater hatte die unaufgearbeitete eigene Kindheit auf seinen Stiefsohn projiziert und bei ihm Probleme gesehen, die seine eigenen waren.

Dies ist kein Einzelfall. Ich könnte zahlreiche vergleichbare Beispiele anführen. Das Muster der Annäherung an den traumatisierenden Kern ist immer recht ähnlich. Anfangs wird die eigene Kindheit pauschal entwertet oder idealisiert. Über allen Einzelheiten liegt der Schleier des großen Vergessens. Die Mauer der Widerstände scheint unüberwindlich zu sein. Jede Annäherung an das traumatisierte Zentrum der Kindheit löst sofort zentrifugale Fluchtbewegungen aus. Angstträume begleiten den Prozess; aber auch Träume, in denen ein kleines Kind erscheint, halb tot, bleich, starr oder als Mumie, verschüttet, behindert, verletzt, sprachlos oder auch die Hand ausstreckend - Sinnbilder der verlorenen Beziehung zum eigenen inneren Kind. Dann tauchen erste Erinnerungen auf. Die Amnesie wird zum Teil durchlässig. Die Abwehrschranken erniedrigen sich. Das beschädigte Kind der Träume belebt sich. Leidvolle Erinnerungen reichern sich an, unterbrochen von intensiven Gegenbewegungen, bis schließlich das Schmerzzentrum erreicht ist, begleitet von größter Betroffenheit und der schrecklichen Erkenntnis, als Kind nicht wirklich geliebt und verstanden worden zu sein und nun möglicherweise dasselbe Elend an den eigenen Kindern zu wiederholen.

Mit dieser erschütternden Erfahrung aber wird es möglich, das bisher praktizierte Umkehrprinzip zumindest teilweise aufzuheben und rückgängig zu machen. Denn die schmerzhafte Auseinandersetzung mit den eigenen Kindheitstraumatisierungen und deren bewusste Integration in die eigene Persönlichkeit eröffnet nicht nur eine neue und sehr lebendige Beziehung zum eigenen i n n e r e n Kind, sondern erweitert auch das Verständnis für die Eigenart des r e a l e n Kindes und befreit es

60

aus belastenden Projektionen und Delegationen, die seine Selbstentfaltung behindern.

Absicherungen

Nach dem bisher Ausgeführten dürfte das Wesentliche deutlich geworden sein: Weil alle Eltern und Erwachsenen, durch die Grundstruktur des Erwachsenen-Kind-Verhältnisses bedingt, eine mehr oder weniger belastende Kindheit hatten, sind sie alle bestrebt, die Erinnerung daran zu tilgen (infantile Amnesie) und den nun endlich verwirklichten kindlichen Wunsch, so groß, stark, überlegen, unabhängig und angstfrei wie die Erwachsenen zu sein, nie wieder aufzugeben. Wenn Freud schreibt, dass die ganze Kindheit von diesem (narzisstischen) Wunsch dominiert werde, dann kann man im Umkehrschluss daraus folgern, dass die ganze Kindheit von überwiegend depressiv getönten Erfahrungen bestimmt ist, die jedes Kind schnellstmöglich verlassen möchte. Darin liegt psychologisch ein wichtiger progressiver Entwicklungsanreiz. Ganz ähnlich ist der Erwachsene bestrebt, diesem bedrückenden Erleben nie wieder zu begegnen.

Dazu bietet paradoxerweise das Eltern-Kind-Verhältnis durch die darin inbegriffene Fundamentaldifferenz der Grundstruktur (Riesen/Zwerge) beste Voraussetzungen, sodass in einem unbewussten kollektiven Akt mit dem Eltern-Kind-Verhältnis zugleich auch immer ein umfassendes Umkehrprinzip wirksam wird: Der Erwachsene ist groß, stark, herrscht wie ein absoluter Monarch, ist allwissend, lebenserfahren, vernünftig, kontrolliert, weiß wie man sich zu benehmen hat, hütet das Geheimnis der Sexualität, besitzt die Zaubermacht des Geldes und schneller Fortbewegungsmittel, er kann Kinder in die Welt setzen und sie hinterher in ein Heim verbannen, er kann Furcht und Schrecken verbreiten, während er seine eigene Angst im Griff zu haben scheint. Das Kind hingegen ist abhängig und dem Erwachsenen auf Gedeih und Verderben ausgeliefert. Es ist auf Schutz und Zuwendung angewiesen, ist körperlich und geistig unterlegen und seinen Ängsten, Bedürfnissen und Trieben ausgesetzt. So wird die kollektive Reproduktion des Umkehrprin-

zips allein schon durch die skizzierte Grundstruktur aufrechter-
halten.

Das aber bedeutet, dass der Erwachsene in der Begegnung mit
dem Kind seinen eigenen Schwächepol - die Erinnerung an die
eigene belastete Kindheit, die Begegnung mit seinem inneren
Kind - durch das erzieherische Vorgehen verdrängen und un-
terdrücken kann. Wird das Umkehrprinzip erzieherisch im Eltern-Kind-Verhältnis wirksam, so setzt das bei den Eltern den
inneren Kindesmord voraus. Dadurch entsteht eine ebenso
komplexe wie problematische Dynamik. Denn in diesem Be-
zugssystem - dem des Umkehrprinzips - entsteht so die parado-
xe Situation, dass die Auseinandersetzung mit dem realen Kind
die Abwehr des eigenen inneren Kindes (bzw. entsprechender
Kindheitserinnerungen) zur Folge hat, um die Begegnung mit
früheren traumatisierenden Inhalten zu vermeiden. Das Eltern-
Kind-Verhältnis wird in aller Regel davon bestimmt, dass sich
der Erwachsene als Plus- und das Kind als Minuswesen versteht, sodass das Umkehrprinzip gewährleistet ist. Jeder Ab-
strich daran stellt diese Absicherung in Frage, bringt die ge-
fürchtete Annäherung an bedrückende Kindheitserfahrungen.
Schon kleinste Umdeutungen des Kindes als Plus- und des Erwachsenen als Mängelwesen können erhebliche Verunsicherungen, Widerstände oder gar Gefühlseinbrüche auslösen, weil sie
Annäherungen an die eigene (schwierige) Kindheit bedeuten.

Erziehung: Im Treibhaus des Umkehrprinzips

Die eigene Kindheit muss über das Umkehrprinzip in der Verdrängung gehalten werden, um nicht das beschädigte innere Kind zu entschleiern. So entsteht die groteske Situation, dass sich der Erwachsene im täglichen Umgang mit dem Kind auf alle nur erdenkliche Weise vor einer Begegnung mit seiner eigenen ungeschönten Kindheit schützen muss. Das gelingt ihm vor allem durch eine Aktualisierung der im Wesen der Grundstruktur (Riesen/Zwerge) liegenden Umkehr-Verlockung. Allerdings garantiert diese Grundstruktur allein - dass die Riesen groß und stark und die Zwerge klein und schwach sind - noch keine dauerhafte Durchsetzung der Umkehr. In zahlreichen Märchen sind die Zwerge den tollpatschigen Riesen an List und Erfindungsgabe überlegen. Das Umkehrprinzip muss noch weiter abgesichert werden. Und das geschieht durch ein äußerst wirksames Instrument: durch die Erziehung. Erziehung ist das Mittel der Wahl, um das Umkehrprinzip ein für alle Mal im Erwachsenen-Kind-Verhältnis zu verankern - ein genialer Trick, der darin besteht, das Kind für erziehungsbedürftig zu erklären.

Egal, ob Kindheits- und Erziehungsideologien von Bildern des unschuldigen Kindes oder eines kleinen Wilden bestimmt sind, immer gilt es, den Hebel der Erziehung anzusetzen und das Kind in die gewünschte Form zu bringen. Entweder wird in die Tabula rasa des unverdorbenen Kindes die oft recht schmerzhafte Handschrift der Erzieher eingetragen, oder es wird der kindliche Wildwuchs wegdressiert, nicht selten auch beides zugleich. Immer weiß der Erwachsene, welcher Weg der richtige ist, was unterbunden und verändert werden muss, immer setzt e r die Normen und Ziele, ist unanfechtbare Instanz, befindet über Richtig und Falsch, pflanzt Über-Ich-Strukturen ein, bestimmt über das Ausmaß der Sanktionen, ist Gesetzgeber und Exekutive in einem. Die Pädagogik als Wunderwaffe. Mit der kollektiven Verpflichtung auf Erziehung wird das Umkehrprinzip indirekt festgeschrieben und seine Umsetzung implizit vorausgesetzt. Das vage Elternrecht bietet verlockende Möglichkeiten, es zur Knebelung der eigenen Kindheitsverdrängungen nach Belieben auszubeuten.

Falsches Selbst und innerer Kindesmord

Jeder Erziehungsakt folgt einem einfachen Schema: Das Kind befindet sich bei A und soll irgendwie nach B gebracht werden. Dabei kann es sich um das Lernen der Grundrechenarten, um bessere Tischmanieren oder um bestimmte Ansichten handeln. In der Regel entspricht die kindliche Position nicht den Erwartungen der Erwachsenen und muss geändert werden. Meist hat der Erwachsene Schwierigkeiten, die vom Kind eingenommene Position zu akzeptieren und möchte eine rasche Änderung. Die dabei offenbarte Erziehungseinstellung zeigt, inwieweit die Erwachsenen bereit sind, bestimmte Schwächen zu verstehen und auszuhalten. Das heißt: Es geht auch um ihre eigenen Fähigkeiten, sich in das Kind angemessen einfühlen zu können und seinen Standpunkt zu verstehen. Statt sich zu fragen, w a r u m das Kind ihn einnimmt und ob er aus der Sicht des Kindes nicht eine gewisse Berechtigung hat, bleibt häufig die Einfühlung (Empathie) ausgespart und wird vorschnell durch erzieherische Maßnahmen ersetzt.

Dieses Vorgehen ist das genaue Gegenteil einer psychotherapeutischen Verstehenshaltung, die das Kind einfühlsam dort abholt, wo es sich innerlich befindet, in dem Versuch, es zunächst einfach nur zu verstehen in seinem So-Sein und seiner aktuellen Befindlichkeit, wodurch das Umkehrprinzip fürs Erste entscheidend entschärft wird. Zu Beginn einer Behandlung zeigen sich die Kinder oft verunsichert, wenn die gewohnte erzieherische Einwirkung ausbleibt: das Fragen, Kritisieren, Anweisen und eine bestimmte Richtung-Vorgeben. Schon bald genießen sie es jedoch, für die Dauer einer Therapiestunde den üblichen erzieherischen Druck los zu sein.

In fortgeschrittenen Phasen einer Behandlung, mitunter auch schon in einer der ersten Stunden, kommt es vor, dass das Kind ruhig und entspannt einfach nur da ist, nichts sagt, nicht spielt, nichts fragt und lediglich wach vor sich hin sieht und das Schweigen des Therapeuten genießt.

Eine Vierzehnjährige konnte so ganze Stunden verbringen, ohne Anzeichen einer Angstspannung oder einer trotzigen Verweigerung. Sie lauschte dem Rauschen der Blätter vor dem geöffneten Fenster und dem Gesang der Vögel, vertiefte sich in die Maserung der Tischplatte, zog ein kleines Stück Samt aus der Tasche, das sie sanft, fast zärtlich, berührte. Was da im Raum vor sich ging, war elementares Da-Sein, wie es oft kleine Kinder inszenieren, wenn sie in Ruhe gelassen werden und mit sich im Lot sind. Sie starrte mich nicht an, sah auch nicht demonstrativ an mir vorbei, sondern begegnete immer mal wieder aufmerksam meinem Blick, und ich fühlte mich von ihr wahrgenommen. Es ging um dieses Wahr-Nehmen, Sein-Lassen und Zu-sich-Finden. Therapeuten sprechen in solchen Fällen von einer benignen Regression, einem förderlichen Zurückgehen auf ein positives frühes Erlebnisniveau. Erzieherische Bemühungen verhindern diese Zentrierung und Seins-Kontinuität.

Grundstruktur (Riesen/Zwerge) und Erziehung vermischen sich in einer so intensiven Wechselwirkung, dass die beiden Komponenten im Alltag kaum noch zu unterscheiden sind, denn eins bedingt das andere. Erziehung aktualisiert die Grundstruktur vor allem als Distanzgefälle, und dieses Gefälle provoziert ständig neue Erziehungseingriffe. Zugleich befördert der Erziehungseifer über Gebühr den inneren Kindesmord (das große Vergessen) und dieser wiederum gibt emotional den gewünschten Freiraum für den Erziehungseifer. Denn nichts begünstigt (vermeintlich) die Erziehungsbemühungen mehr, als ein schnelles Überwinden und Abgewöhnen infantiler Haltungen. Erst die Abspaltung des inneren Kindes befähigt zur erzieherischen Dressur. Der äußeren Unterwerfung entspricht die des inneren Kindes in ständiger Wechselwirkung. Die in der Umkehr-Dynamik angelegte Polarisierung wird durch Erziehung krass verschärft. Der Überlegenheitspol wird abgesichert und ausgebaut durch eine nicht weiter hinterfragbare Erziehungsideologie, durch anerkannte Erziehungsmuster und die erziehungsrechtliche Macht der Eltern. Im Horizont erzieherischer Leitvorstellung erscheint das Kind zwangsläufig als Mängelwesen Es wird ganz selbstverständlich den Vorstellungen der Erwachsenenwelt unterworfen, obwohl diese oft sehr fragwürdig und anfechtbar sind. Zunehmend wird dadurch das wahre Selbst des Kindes überformt.

Die Erkenntnis, dass dem Erziehungseifer eine entscheidende Bedeutung für die Entfaltung des Umkehrprinzips zukommt, ist deshalb wichtig, weil Erziehungsvorstellungen, wie die Geschichte der Schwarzen Pädagogik zeigt, sehr unterschiedliche Ausprägungen erfahren können und nicht selten haarsträubende Auswüchse gezeitigt haben, sodass durchaus Möglichkeiten der Veränderung denkbar sind und auch die eigene Zeit kritisch hinterfragt werden sollte.

Im historischen Vergleich ist der Erziehungseifer vor allem eine Begleiterscheinung der aufsteigenden Industriegesellschaften. Er hat sich, wie Philippe Ariès in seiner *Geschichte der Kindheit* (1960) gezeigt hat, im Wesentlichen in den letzten zweihundert Jahren herausgebildet und war z. B. dem Mittelalter weitgehend fremd. Er geht Hand in Hand mit einer fortschrittsgläubigen Verschulung und einer Privatisierung des Familienlebens. In dieser geschichtlichen Sicht erscheint der zwanghafte Erziehungseifer der Gegenwart wie eine abgemilderte Fortsetzung der traditionellen Missachtung des Kindlichen. Nicht jede Bildungsbeflissenheit ist der immer komplexer werdenden Postmoderne geschuldet, wie die Lehrpläne und Unterrichtsmethoden unserer Schulen zeigen.

Aus der Grundstruktur (Riesen/Zwerge) folgt nicht zwangsläufig die Notwendigkeit einer antreibenden Erziehung, auch dann nicht, wenn sie mit dem Kindeswohl und gesteigerten Zukunftsaussichten begründet wird. Alle Eltern meinen es angeblich gut mit ihren Kindern. Aber achten sie ausreichend die kindliche Eigenart? Bemühen sie sich ernsthaft diese zu verstehen? Warum werden auch heute noch so häufig kindliche Verhaltensweisen überwiegend negativ gesehen oder Achsel zuckend belächelt? Sie könnten auch als unterschiedliche Seins-Weisen verstanden werden und würden so dem Kind das gleiche Eigen-Sein wie dem Erwachsenen zugestehen. Allerdings setzt eine solche Totalakzeptanz den weitgehenden Verzicht auf überflüssige Erziehungsmaßnahmen (eine ganze Menge!) und den Dialog mit dem eigenen inneren Kind voraus. Das jedoch bedeutet die Überwindung des schier unmöglich Scheinenden.

Das kleine Monster

Auch an der Psychologischen Beratungsstelle begann meine Tätigkeit mit einem Paukenschlag: Michael, ein sieben Jahre alter Junge, mit seiner Mutter. Mit einem nachsichtigen Ausdruck des Mitleids beglückwünschte mich die Sekretärin zu diesem Einstand. Das werde bestimmt nicht einfach. »Asthmatiker, verhaltensgestört, massive Schwierigkeiten in der Schule, folgt nicht, macht nur Schwierigkeiten. Die Mutter ist verzweifelt und weiß nicht mehr weiter.« So stand es in der Anmeldung.

Im Wartezimmer begegne ich Michaels prüfendem Blick. Sekundenbruchteile sehen wir uns länger in die Augen, als es sonst bei einem Erstkontakt der Fall ist. Tiefer. Ohne ein Wort zu sagen, scheinen wir uns innerlich zu berühren. Ein schmächtiger, blasser Junge mit einem fuchsroten Lockenkopf, einem kessen Halstuch und diesem aufmerksamen Blick aus blauen Augen. Die Mutter eine üppige Blondine mit kirschrot geschminkten Lippen. Michael besteht darauf, am Gespräch teilzunehmen.

Wir sitzen noch nicht richtig, da legt auch schon die Mutter los. »Das Kind« sei Allergiker und Asthmatiker, es verhalte sich »unmöglich«, sei psychisch krank und brauche dringend eine Behandlung. Auch habe es eine Schwäche an der Wirbelsäule und deshalb schon an heilgymnastischen Übungen teilgenommen. Ja, geht Michael ungefragt dazwischen, das habe damals wahnsinnig wehgetan, »bis zum Arsch hinunter«. Er sucht offenbar eine Annäherung der Mutter an mich zu verhindern und ist bestrebt, sich selbst in den Mittelpunkt zu rücken. Immer öfter drängt er sich störend ins Gespräch, sodass ich Mühe habe, dessen Verlauf zu strukturieren.

Anfangs ärgere ich mich über diese rücksichtslosen Störmanöver, die ein konzentriertes Gespräch unmöglich machen. Allerdings befremdet es mich ebenso, dass die Mutter nie Michaels Namen gebraucht. Durchweg ist er lediglich »das Kind«. Und »das Kind« hat alle nur denkbaren Unarten und Gebrechen, die sie ohne Rücksicht auf dessen Gefühle mit schriller Stimme zum Besten gibt. Auf Michaels Störversuche reagiert sie unterschiedlich, mal nachsichtig, mal ungerührt, dann wieder schroff zurechtweisend. »Das Kind sei eine einzige Katastrophe und von Anfang an ein Problemkind gewesen.« »Du bist selber ein Problem!«, schreit das kleine Monster, wütend aus dem Stuhl fahrend.

Da beginnt sich meine Einstellung zu ändern. Immer mehr fühle ich mich von der aufdringlichen Stimme der Mutter überfahren und es bereitet mir zunehmend Unbehagen, mit welcher Fühllosigkeit sie den Jungen niedermacht. Deshalb erlebe ich das Störfeuer Michaels mittlerweile als vitalen Protest gegen diesen Wust krankmachender Zuschreibungen. Allerdings hat sein Verhalten auch etwas Tyrannisches. Als die Mutter ungerührt ihr Lamento fortsetzt und klagt, »das Kind« könne sich in der Schule nicht konzentrieren, störe ständig den Unterricht und sei aggressiv zu anderen Schülern, springt Michael erneut aus dem Stuhl, ballt die Faust und schreit: »Schnauze, Mensch!«, ohne dass die Mutter darauf reagiert. Sein Gesicht ist wie versteinert.

So sehr mich sein Widerstand beeindruckt und ich dabei bin, mich in seine Not einzufühlen, erlebe ich den Jungen doch gleichzeitig wie eine unberechenbare kleine Bestie, gefährlich in seinen blitzschnellen Attacken, Furcht einflößend und etwas unheimlich. Unbeirrt fährt die Mutter fort: »Das Kind« habe oft Erkältungskrankheiten, vor allem Infekte der Harnwege, es habe eine verkrüppelte Niere und ein Loch im Trommelfell, es neige zu Augenentzündungen und habe schon zweimal den Arm gebrochen.

Bestürzt sehe ich, wie wenig Michael seine Mutter erreicht, selbst als er nach einer harschen Zurechtweisung dazu übergeht, sich zu melden und er schließlich der Mutter beharrlich seinen Finger unmittelbar vors Gesicht hält. Die übersieht sein Verlangen und setzt ungerührt ihre vernichtende Aufzählung fort.

Berichtet von Michaels verwaschener Sprache und Stunden in der Sprachheilschule, wo »das Kind« natürlich auch gleich wieder Schwierigkeiten gemacht habe. Ich unterbreche den Redeschwall und beziehe Michael in das Gespräch mit ein. Frage ihn nach seinen Armbrüchen, die er sofort lebhaft und klar verständlich erzählt.

Als die Mutter auf die schwierige Einschulung zu sprechen kommt, geht Michael ungehemmt dazwischen, faucht und grunzt, sodass ein geordnetes Gespräch unmöglich wird, und drängt zum Aufbruch. Unvermittelt fragt er mich, ob ich eine Maske aufhätte. Ob er das glaube? »Ja«. Ich stelle ihm frei, seinen Verdacht zu überprüfen. Da stellt er sich vor mich hin, zupft mir am Haaransatz und sagt, wahrscheinlich hätte ich die Haare angeklebt und eine Maske auf. Ich biete ihm an, regelmäßig zu mir in Spielstunden zu kommen, um herauszufinden, ob ich tatsächlich eine Maske aufhabe oder nicht. Michael stimmt zu, wirkt jedoch sehr unruhig. Unter chaotischen Umständen vereinbaren wir einen ersten Termin, den er umgehend abändern und selbst bestimmen möchte. Als ich auf meinem Vorschlag beharre, geht er darauf ein.

Die Szene ist im Hinblick auf das Umkehrprinzip in mehrfacher Hinsicht von Interesse. Sie zeigt, wie selbstverständlich und rücksichtslos Zuschreibungen der Minderwertigkeit erfolgen können und das Kind in den Widerstand treiben. Allerdings ist die drastische Gegenwehr Michaels alles andere als typisch. In aller Regel zeigt das Kind in diesem Alter - wie ja auch Michael - allerhand Symptome mit Krankheitswert, die anzeigen, dass da grundsätzlich etwas nicht in Ordnung ist. Oder die Kinder ducken weg und verinnerlichen die Zuschreibungen als aufgezwungenes Selbstbild.

Aufschlussreich ist die Frage nach der Maske des Therapeuten. Sie weist darauf hin, dass Michael hinter der Problemkind-Zuschreibung ein abgekartetes Spiel der Erwachsenen wittert. Zurecht, denn es ging in diesem Fall um eine total zerrüttete Ehe, deren vielschichtige Gründe auf Michael abgeleitet wurden. In einer spannenden Langzeittherapie hat sich der Siebenjährige mithilfe des Umkehrprinzips aus diesen Verstrickungen befreit. Obwohl er unter anderem laut Aussage der Mutter auch ein Anstrengungs-Asthmatiker war, kam er über viele Stunden hin mit Boxhandschuhen angerückt, um als Rocky Balboa nach zwölf Runden mörderischer Kämpfe jedes Mal als strahlender Sieger hervorzugehen.

In allen Spielen schrieb mir Michael genauestens vor, wie ich mich zu verhalten hatte. So sollte ich zum Beispiel wieder einmal haargenau spiegelidentisch all das tun, was er mir vormachte. Ich musste zeitgleich mit ihm den Pinsel ins Wasser tunken, zweimal abstreichen, die vorgegebene Farbe aufnehmen und auf »eins, zwei, drei« ein weißes Blatt in der Mitte einfärben, um es dann, wieder auf Befehl, so zusammenzufalten und zu pressen, dass ein Rorschach-Klecks dabei herauskam. Etwa zehn Minuten vor dem Ende der Stunde verspürte ich eine wachsende Unlust und auch Ärger über den rigiden Zwang, der von Michael ausging. Das sagte ich ihm und stieg aus. Da sprang er wie von der Tarantel gestochen auf, war auch schon an der Tür, fasste die Klinke und zischte mich wutentbrannt an:

»Wenn du jetzt nicht sofort machst, was ich will, dann geh ich und komm nie wieder.«

Ich erschrak im Innersten, denn seine Drohung war durchaus ernst zu nehmen. Wenn dieser kleine Tyrann es darauf anlegte, dann schaffte er es mühelos, seine Mutter so lange zu drangsalieren, bis die Behandlung zum Erliegen kam. Was tun? Aus dem Bauch heraus erklärte ich:

»Du willst mich erpressen mit deiner Drohung zu gehen und nie mehr wieder zu kommen. Ich lasse mich nicht erpressen von dir. Aber ich will auch nicht, dass du jetzt gehst. Die Stunde ist noch nicht zu Ende. Außerdem habe ich die ganze Zeit über alles gemacht, was du von mir verlangt hast.«

Immer noch hielt Michael die Klinke in der Hand. Er befand sich in einem hochgradigen Erregungszustand, war kreideweiß und aufs Äußerste angespannt. Mit einem Mal hatte ich Angst, er könnte einen Asthmaanfall bekommen oder gar dekompensieren und in eine Psychose rutschen. Was dann? Ich hatte keinerlei Erfahrung mit solchen Zuständen. Atemlose Spannung lag im Raum. War ich zu früh ausgestiegen? Dieses despotische Spiel ging nun schon viele Stunden und nach wie vor war kein Ende abzusehen. Irgendwo war mal die Grenze.

»Entweder du tust jetzt, was ich will, oder ich gehe.«

Schon drückte er die Klinke, ließ jedoch die Tür noch geschlossen – ein Zeichen, das mich hoffen ließ. Die Behandlung stand auf der Kippe. Ein falsches Wort, und er war weg.

»Nein, das ist Erpressung«, sagte ich so ruhig, wie es mir in dieser knisternden Spannung möglich war. »Ich will mich von dir nicht erpressen lassen. Ich bin wie du ein Mensch aus Fleisch und Blut und auch ich habe Gefühle. Und da habe ich gespürt, dass es mir beim Mitmachen nicht mehr gut ging, dass es mich am Ende gelangweilt und auch etwas ärgerlich gemacht hat. Deshalb bin ich ausgestiegen.«

»Aber du machst jetzt, was ich will, oder ich komm nie wieder.«

»Ich will nicht, dass du gehst und nicht mehr kommst. Du bist mir wichtig, und ich will dich nicht verlieren. Ich kann dich nicht anketten und dich nicht hindern davonzulaufen. Das ist deine Entscheidung. Ich kann verstehen, dass du jetzt grade von mir sehr enttäuscht bist, dass du dich ärgerst und am liebsten gehen würdest.«

»Ja, genau, und das mach ich jetzt auch.«

»Weil ich ausnahmsweise mal nicht das tue, was du von mir willst. Um deinen Willen durchzusetzen, drohst du mit dem Weglaufen. Ich möchte dich nicht verlieren. Das wäre schlimm für mich, aber ich kann dich nicht zwingen zu bleiben.«

Immer noch stand er kreideweiß und in höchster Anspannung an der Tür, feindselig und wütend, die Hand an der Klinke. Noch eine ganze Weile ging es in dieser Weise hin und her: Michael setzte alles daran, mich in die Knie zu zwingen, während ich mich weigerte, seiner erpresserischen Forderung nachzugeben, und zugleich versuchte, ihm zu vermitteln, dass er mir etwas bedeute und ich bedauern würde, wenn er nicht mehr käme – eine starke Botschaft der Bindung und Wertschätzung, wohingegen ich mich gegen seine Tyrannei unmissverständlich verwahrte.

Ich mochte Michael und fand die Therapie denkbar spannend. Das spürte er wohl auch. Dennoch hing in diesen Minuten die Behandlung an einem seidenen Faden. Tatsächlich machte er seine Drohung wahr und rannte vorzeitig davon. Ich blieb im Raum. Das war wichtig, um meinen Standpunkt glaubhaft zu machen.

Anschließend hatte ich bange Nächte. Doch zu meiner Freude kam Michael zur nächsten Stunde wieder. Sogar deutlich vor der Zeit, strahlte über das ganze Gesicht, als er mich sah, und fragte als Erstes:

»Was möchtest du denn heute mit mir spielen?«

Eine echte Sensation und ein entscheidender Durchbruch in der Behandlung, schien er nun doch zum ersten Mal in mir ein eigenständiges Wesen zu sehen und unser Miteinander als ein wechselseitiges Geben und Nehmen zu begreifen. Ich war überglücklich.

Die Behandlung wurde zu einem Erfolg. Michael verlor sein Asthma, wurde in der Schule unauffällig und konnte schließlich nach einer langen Phase einer rigiden Kontrolle über den Therapeuten seine weichere Seite zeigen. Zuletzt sah er in mir einen lebensrettenden Freund und hat mich noch Jahre später besucht.

Ertüchtigung im Umkehrprinzip

Im erzieherisch betonten Erwachsenen-Kind-Verhältnis wird das Umkehrprinzip d r e i f a c h in einer sich selbst verstärkenden Wechselwirkung befördert.

Erstens bietet, wie gezeigt, die G r u n d s t r u k t u r (Riesen/Zwerge) dafür die natürlichen Voraussetzungen. Denn Kindheit wird in ihrem grundsätzlichen Anders-Sein weder ausreichend verstanden, noch besonders geschätzt. Kind-Sein bedeutet in aller Regel Noch-nicht-erwachsen-Sein. Noch vor jeder Erziehungseinwirkung versteht sich der Erwachsene als Plus- und das Kind als Minuswesen. Die Grundstruktur gerät so unversehens zu einem Machtverhältnis, zur überlegenen Stärke der Riesen und einer unabänderlichen Schwäche der Zwerge, obwohl aus der Grundstruktur auch Formen des Zusammenlebens denkbar wären, die von mehr Einfühlung und wechselseitiger Wertschätzung getragen wären.

Diese Dynamik steht (zweitens) mit der V e r d r ä n g u n g der eigenen Kindheit (inneres Kind, infantile Amnesie) in Wechselwirkung. Aus dem Zwergenleid eigener kindlicher Erfahrungen erklärt sich die lebenslange Verdrängung früher Traumatisierungen (Freudengedächtnis), die einem *inneren* Unterwerfungsakt gleicht. Die verdrängende Abspaltung (Unterdrückung) des inneren Kindes wird durch die Ausbildung eines forcierten Erwachsenen-Ich gewährleistet, das wegen seiner betonten Vernünftigkeit nahezu jeden Kontakt zum Kindheits-Ich verloren hat. Dieser innere Kindesmord steht in ständiger Wechselwirkung mit der Grundstruktur (Riesen/Zwerge). Er befördert gleichsam von innen her durch die Missachtung des inneren Kindes die Grundstruktur im Sinne einer Umkehr-Wertung: Stärke ist gut, Schwäche ist schlecht. Andererseits wird die Verdrängung des inneren Kindes stets aufs Neue durch die Grundstruktur befördert. Die Grundtendenz dieser

Dynamik besteht darin, den Schwächepol zu meiden und ihn durch die Stärkung der überlegenen Position unter Kontrolle zu halten. Allerdings folgt aus diesem Wechselverhältnis von Grundstruktur und intrapsychischer Verdrängung *allein* noch nicht zwangsläufig ein Unterwerfungsverhältnis zu Lasten des Kindes, wenngleich es dazu verführt.

Entscheidend ist vielmehr, dass (drittens) erst durch die Verbindung mit einem betonten E r z i e h u n g s e i f e r ein ungebremstes Wechselwirkungsverhältnis im Sinne des Umkehrprinzips zur vollen Wirksamkeit kommt. Erst durch die Erziehung wird ein massives Macht- und Abhängigkeitsverhältnis aufgebaut und ideologisch abgesichert. Denn nun wird in kollektiver Übereinkunft das Kind als ein zu formendes Mängelwesen und alles Kindliche als defizitär verstanden.

Einerseits schiebt sich das Erzieherische wie ein Schutzwall zwischen das Kind und den Erwachsenen und schützt diesen vor einer Begegnung mit seinem inneren Kind, seinem wahren Selbst und traumatisierenden Kindheitserinnerungen; andererseits wirkt es wie ein Ferment auf die Grundstruktur ein und belebt deren Umkehr-Potential. Die Umdeutung der Grundstruktur zu einem das Kind benachteiligendem Umkehrgefälle erscheint nun als erzieherische Verantwortung oder gar als Erziehungspflicht. Erzieherisch gesehen bietet die Grundstruktur denkbar günstige Voraussetzungen für die Einübung von Fremdbestimmung und Selbstentfremdung: Dazu bist du noch zu klein, zu schwach, zu ungeschickt … In der Regel rechtfertigt sich Erziehung mit Verweisen auf die körperliche Schwäche des Kindes, auf seine Ängste, sein mangelndes Verständnis, seine Ungeduld und Impulsivität, sein Verspielt-Sein und seine allgemeine Unreife im Sinne einer existenziellen Abhängigkeit, also Essentials der Grundstruktur.

Ein Beispiel fehlgeleiteter Erziehungswut

Zur Verdeutlichung dieser theoretischen Ausführungen komme ich noch einmal auf den Fall des Vaters zurück, der sich zu Beginn der Behandlung nicht hinter sein zwölftes Lebensjahr zurück erinnern konnte. Es ging um eine tiefenpsychologisch fundierte Therapie seines zehnjährigen Stiefsohnes mit begleitenden Elterngesprächen, die der Vater zusammen mit seiner Frau gewissenhaft wahrnahm. Sehen wir uns den Verlauf dieser Behandlung im Hinblick auf die letzten Ausführungen mal etwas genauer an.

Archäologie des inneren Kindes war das Kapitel überschrieben, in dem ich dem spektakulären Gedächtnisverlust dieses Vaters nachgegangen bin. Wie wir gesehen haben, hatte seine Kindheit durch die frühe Trennung von seinen Eltern und seinen vier Geschwistern einen traumatischen Hintergrund, den er massiv verdrängen musste. Ständige Energien und Strategien waren erforderlich, um ein Wiederkehr abgespaltener Erinnerungen und Gefühle zu verhindern. Er erreichte dieses Ziel durch eine penetrante Betonung des Erwachsenen-Ich, durch ein zwanghaftes, affektleeres Vernunftgehabe und eine wahre Erziehungsbesessenheit - Haltungen, von denen nicht nur seine Ehe bestimmt wurde, sondern vor allem das Verhältnis zu seinem Stiefsohn, der Anlass zur Behandlung gegeben hatte.

Da ihm die affektunterdrückende Verdrängung nur unzulänglich gelang, kam es immer wieder zu explosiven Wutausbrüchen, die sich zumeist auf den Jungen richteten, wenn seine vermeintlich wohlmeinenden, in Wahrheit jedoch sadistischen Erziehungsbemühungen scheiterten. Durch den ständigen Erziehungsdruck war der Junge im Innersten verunsichert, fiel in seinen schulischen Leistungen ab und kam zunehmend in Gewissensnöte. Die trieben ihn zu unerfüllbaren perfektionistischen Leistungen an, wie seine wiederholten Angstträume verrieten. Sie hielten ihm, ganz ähnlich wie es der Stiefvater tat, sein Versagen und Scheitern vor und steigerten seine Furcht vor dem Versagen. Schließlich war die depressive Entwicklung des Jungen den Eltern auffällig geworden. Traurigkeit und Verstimmungen des Jungen konnten sie nur schwer aushalten. Den unmittelbaren Anlass zu einer Behandlung gaben lebensbedrohliche Mutproben, mit denen Martin vor Gleichaltrigen sein Ansehen aufbessern wollte.

Im Verlauf der zweijährigen Therapie des Jungen und der begleitenden Elterngespräche stellte sich nun klar heraus, dass die Eltern zu einem Gutteil ihre eigenen aus der Kindheit herrührenden depressiven Selbstanteile auf Martin (der sich mit fortschreitender Behandlung zusehends vital und lebenslustig zeigte) projizierten und dort erzieherisch bekämpften. Auch die Mutter hatte eine sehr bedrückende Kindheit erlebt und mit elf aus nächster Nähe den Selbstmord ihrer Mutter mitbekommen. Bei depressiven Verstimmungen des Jungen wurden bei den Eltern traumatisierende Kindheitserinnerungen angerührt, die abgewehrt werden mussten. Da, wie wir gesehen haben, der Stiefvater seine Kindheitstraumatisierung besonders nachhaltig verdrängt hatte, musste vor allem er sein Selbstwerterleben über das Umkehrprinzip absichern.

Sich selbst fand er »völlig normal und gesund« , sah sich im Besitz des richtigen erzieherischen Wissens und beurteilte seine Kindheit und Ehe als »sehr harmonisch«, bot jedoch immer wieder seine Frau oder seinen Stiefsohn als Problemfall an. So, wie er als Kind seine eigenen Gefühle, seine Traurigkeit und Wünsche nach Nähe und Geborgenheit hatte verleugnen müssen, so unterdrückte er diese jetzt in der Beziehung zu seinem Sohn. Das gelang dadurch, dass er sein Verhältnis zu ihm fast ausschließlich erzieherisch gestaltete und damit jede Annäherung auf der Kindheitsebene ausschloss. Er begründete seine (ziemlich erfolglosen) erzieherischen Bemühungen mit Argumenten der Grundstruktur: dass er nun mal den Durchblick habe, mehr Lebenserfahrung besitze, dass er logischer denke und zielstrebiger sei. Er setzte seine affektunterdrückende Verkopftheit, seinen Perfektionszwang sowie seine Bewusstseins-

und Willensbetonung absolut und verordnete diese selbstgerechten Überzeugungen als Erziehungsoptimismus der ganzen Familie.

Lange Zeit schien er überhaupt nicht zu erkennen, wie wenig er dadurch die Andersartigkeit seiner Frau und seines Stiefsohnes wahrnehmen konnte. Über die Aneignung des Erziehungsmonopols und der Deutungshoheit verwandelte er im Umkehrverfahren seine eigene tiefgreifende Beziehungsstörung zur Dominanz über das Familiengeschehen und zu einer unanfechtbaren Problemlosigkeit. Die Delegation der Problemkind-Zuschreibung an seinen Sohn ermöglichte ihm (wie auch seiner Frau), eigene Schattenanteile, die seiner traumatisierenden Kindheit geschuldet waren, in Schach zu halten. Der innere Kindesmord wurde nun auf Raten am realen Kind vollzogen.

Durch eine beharrliche Bearbeitung dieses Zusammenhangs des Erziehungseifers mit der Kindheitsamnesie konnte Martin von entsprechenden Projektionen entlastet werden und zu seinem wahren Selbst finden. Auch den Eltern war nach und nach möglich, Fühlung mit ihrem inneren Kind aufzunehmen, wenngleich mit erheblichen Widerständen. So kam die Mutter einmal total verstört in die Stunde. Der Grund: Sie hatte ihre Freundin besucht und deren kleine Tochter hatte ihr unvermittelt einen Ball zugeworfen mit der Aufforderung, mit ihr zu spielen. Da sei sie wie gelähmt gewesen, unfähig, der Bitte der Kleinen nachzukommen. Schockiert habe sie erkannt, wie sehr sie ihre eigene Kindheit verdrängt hatte.

Es wird nicht weiter verwundern, dass mit dieser Entlastung nun Martin seinerseits vom Umkehrprinzip regen Gebrauch machte. Allerdings benötigte er dazu wegen der erfolgten Einschüchterungen und Verunsicherungen eine Anlaufzeit von fast vierzig Stunden, um sich nach und nach öffnen zu können. Erst dann waren ihm nicht mehr Gespräche oder Regelspiele wichtig, sondern lustvoll ausgefochtene Zweikämpfe mit Messern, Schwertern, Colts oder bloßen Fäusten. Immer war der Stärkste, Schnellste und Klügste, mir weit überlegen und siegreich.

Im Umkehrverfahren spiegelte sich in diesen Rollenspielen der Erziehungseifer des Stiefvaters darin, dass Martin nun mit sichtlichem Vergnügen m i r (erzieherisch) bis ins Kleinste jedes Wort und jede Bewegung vorschrieb und mich in ein Korsett von Anweisungen hineinzwang, das mir mit der Zeit jegliche Lust am Mitspielen nahm, ähnlich wie ihn die Erziehungswut seines Stiefvaters in eine lähmende Lustlosigkeit gebracht hatte.

Die intensive Bearbeitung dieser Interaktion vor dem Hintergrund der gestörten Familiendynamik brachte schließlich den gewünschten Erfolg: eine weitgehende Milderung seiner kompensatorischen Größenansprüche und damit des Umkehrprinzips. Nun durfte ich gleich stark sein und Martin konnte auch als Verlierer aus der Stunde gehen.

Die Fallgeschichte zeigt unter anderem, wie sehr auch Schulisches diese Prozesse mitbestimmt. Deshalb ist es an der Zeit, uns dieses Umkehr-Monster näher anzusehen.

Schulisch institutionalisierte Fremdbestimmung

Halten wir noch einmal das Wesentliche der bisherigen Erkenntnisse fest: Durch ständige erzieherische Eingriffe wird die Seinskontinuität des Kindes nachhaltig gestört. Die unablässige erzieherische Fremdbestimmung vermittelt dem Kind das Gefühl nicht richtig zu sein. Sie untergräbt sein Selbstwerterleben und hemmt die kreative Selbstentfaltung. Die allermeisten Kinder erfahren diese Verkümmerung aufgrund der erzieherisch ausgeschlachteten Grundstruktur (Riesen/Zwerge) zur Beförderung des Umkehrprinzips. Die Schädigung betrifft vor allem den narzisstischen Bereich, der zum falschen Selbst verkümmert. Mädchen scheinen diesen Druck eher depressiv zu verarbeiten, während Jungen den Angriff auf ihr Selbstgefühl meist durch die Ausbildung eines kompensatorischen Größenselbst abwehren.

An dieser Schwachstelle setzt das System Schule als wichtigste Sozialisationsinstanz neben der Familie an. Die Fremdbestimmung des Kindes und Jugendlichen wird nun institutionalisiert und perfektioniert. Das Umkehrprinzip kommt zu einer weiteren Blüte.

Wo es Schulen gibt, ist auch das Umkehrprinzip nicht weit. Ist es doch staatlich verordnet durch die Schulpflicht, verbindliche Lehrpläne und schulrechtliche Sanktionen. In allen Schulen geht es hierarchisch zu. Da gibt es ein klares Oben und Unten, Verlierer und Gewinner, eine Primarstufe, eine Sekundarstufe I und eine Sekundarstufe II - sowie immer noch das dreigliedrige Schulsystem mit unterschiedlichen Karrierechancen. Es gibt den Hauptschulabschluss, die Mittlere Reife und die Hochschulreife. Als Lehrer kann man befördert werden, vom Referendar über den Studienrat und Oberstudienrat bis zum Oberstudiendirektor, während man als Schüler am Schuljahresende gemäß einer ausgetüftelten Versetzungsordnung in die nächst tiefere Klasse absteigen kann und als »Wiederholer« stigmatisiert wird. Und schließlich das Wichtigste: Es gibt ein ausgefeiltes Notensystem, bis auf die Dezimalstelle genau, das ohne Unterlass alle mündlichen und schriftlichen Leistungen bewertet.

Konkurrenzdenken und kognitiv-reproduzierende Lernstrategien und -inhalte bestimmen den Alltag der Schule. Es gibt Klassenbeste und Schulversager. Die Kollektivnorm der Jahrgangsziele und Lehrpläne lässt jede Individualnorm in den Hintergrund treten. Individuelle Begabungen finden nur dann Beachtung, wenn sie den fachspezifischen Anforderungen genügen und nicht den Unterricht stören. Der stofflich vorgegebene Ordnungsrahmen bestimmt, was richtig und falsch, erwünscht oder unerwünscht ist. Unablässig wird den Schülern verbal oder über Noten und Korrekturen vermittelt, ob sie den Normen entsprechen. Diese Bewertungen werden überwiegend als Kritik und nicht als wohlwollend-unterstützende Hilfe erlebt.

Die Fremdbestimmung ist nahezu total. Sie lässt dem/der Einzelnen nur wenig Spielraum und Entfaltungsmöglichkeiten für besondere Vorlieben und Begabungen, die nicht in diesen Rahmen rational-verbal-reproduktiver Inhalte passen. Der Stundenplan und Sitzplatz sind ebenso vorgegeben wie die verschiedenen Fachlehrer mit ihren je eigenen Unterrichtsmethoden und Bewertungsmaßstäben.

Im Hinblick auf die Lehrer, die dieses System täglich in die Praxis umzusetzen haben, funktioniert die institutionell erzwungene Beförderung des Umkehrprinzips analog zum Eltern-Kind-Verhältnis. Durch das didaktisch-methodische Vorgehen und die Verpflichtung auf den Bildungsauftrag und die jahrgangsspezifischen Lehrpläne sowie den jeweiligen Stoff der Stunde, durch disziplinarische Maßnahmen und die Abschirmung seiner Privatsphäre schirmt sich der Lehrer wirksam dagegen ab, dass die eigene Kindheit in der Begegnung mit den Schülern auf Resonanz kommt. Diese Entsinnlichung hält den Unterricht frei von störenden Emotionen und bringt die Lehrer auf Distanz zur Individualität der Schüler. Die rigide Dressur des Stillsitzens legt die Motorik der Kinder und Jugendlichen weitgehend lahm, während die Festlegung auf kognitiv-verbale

Inhalte die Gefühlsentwicklung, die sogenannten affektiven Lernziele wie auch das soziale Lernen vernachlässigt. Dies führt zu emotionalen Spannungen und einer allgemeinen Schulunlust, während durch die intellektuelle Anpassung an ein übersteigertes Leistungs- und Konkurrenzdenken Verhaltensweisen verinnerlicht werden, die das Umkehrprinzip begünstigen.

Nun gibt es allerdings keinen Zweifel, dass seit Jahrzehnten, verglichen mit früheren Zeiten, die Atmosphäre in den Klassenzimmern wesentlich entspannter geworden ist und der »Pauker« alten Stils einer aussterbenden Spezies angehört. Es gibt sehr viele engagierte, fähige und auch einfühlsame Lehrerinnen und Lehrer, die von ihren Schülern geschätzt werden. Aber aufs Ganze gesehen hat sich hinsichtlich einer prinzipiell repressiven und auf Fremdbestimmung angelegten Struktur nichts geändert. Das System ist eher noch rigider geworden, was die Lehrplanvorgaben, den Notendruck, die Versetzungsbedingungen sowie die Inflation schulrechtlicher Bestimmungen und das Ausmaß der Bewertungen angeht. Es hält die Schüler im Dauerstress und in ständiger Angst abzustürzen und den Anforderungen nicht zu genügen. Bekanntlich sind psychosomatische Störungen bereits bei Grundschülern in einem alarmierenden Ausmaß zu beobachten.

Der gesetzlich vorgegebene Fremdzwang der Schule ist in Analogie zum inneren Kindesmord als Verstärker des Umkehrprinzips zu verstehen. Dieser Prozess verläuft weitgehend unbewusst. Er beruft sich auf das Wohl des Kindes und die Notwendigkeit einer zeitgemäßen Bildung, um im Leben und in einer hochtechnisierten Welt bestehen zu können. Edle Ziele. Sie ändern jedoch nichts daran, dass es sich um ein Entmündigungssystem handelt, das massiv dazu beiträgt, die Verdrängung des inneren Kindes zu befördern. Disziplinierte Schüler von heute werden im Umkehrverfahren zu unnachsichtigen Lehrern und sturen Ministerialbeamten von morgen. Schon Immanuel Kant fand es ziemlich abartig, mithilfe eines freiheitsberaubenden, disziplinierenden Schulsystems freie Bürgen hervorbringen zu wollen.

Die klammheimliche Motivations-Umkehr

Die perverse pädagogische Aufgabe der Lehrer besteht darin, aus der extrinsischen Motivation auf allerhand Schleichwegen eine intrinsische werden zu lassen. Aus der verordneten Fremdbestimmung soll irgendwie etwas Selbstgewolltes werden. Die Schüler sollen durch die Unterrichtsinhalte motiviert werden, nicht durch Notendruck, Angst oder Zwang. Die institutionalisierte Außenlenkung soll von den Schülern zu einem erstrebenswerten Selbstzwang umgeformt werden, sodass der verordnete Stoff als schon immer gewollt verinnerlicht wird. In dieser schizophrenen Erwartung sehe ich die fatalste Auswirkung der schulischen Erziehung. Die Schüler werden durch penible Lehrpläne, ein rigides Prüfungswesen und allerhand Disziplinierungsmaßnahmen nicht nur massiv fremdbestimmt, sondern auch noch dahingehend manipuliert, diesen Fremdzwang als erwünscht und einzig richtig zu verinnerlichen. Aus dieser permanenten Selbst-Täuschung und Selbst-Vergewaltigung entsteht ein Konfliktpotenzial, das dem Umkehrprinzip, zusätzlich zu den häuslichen Erziehungsmaßnahmen über Gebühr Nahrung gibt. Viele Kinder kommen geladen von der Schule zurück und wollen erst mal ihre Ruhe haben.

In der schulischen Praxis ist unbestritten, dass bei den Schülern nur ein Bruchteil des Unterrichts »hängen« bleibt, dass die Erziehungs- und Bildungsbemühungen weitgehend ins Leere laufen. Auch hier ist erstaunlich, wie wenig die dafür verantwortlichen Gründe bedacht werden, obwohl sie leicht zu erkennen sind. Der grundlegende Irrtum des Systems Schule liegt in der Annahme, Kinder und Jugendliche wären ohne schulische Erziehung nicht lernbereit und sozialisierbar. Dabei kann jeder tagtäglich beobachten, wie wissbegierig, lernfreudig und erfinderisch Kinder vor der Einschulung sind. Ihre gesamte Energie ist darauf gerichtet, ihre Umwelt zu verstehen, zu erforschen und sich neue Aktionskreise zu erobern. In diesem ungeregelten vorschulischen Ambiente ist ihr Lernen immer ganzheitlich. Es ist sowohl kognitiv wie affektiv, erlebnisnah und lebenspraktisch, voller Neugier und Eifer. Es ist unverfälscht intrinsisch, weil der Aufmerksamkeitsfokus aus ihrem Innersten kommt und keinen an sie herangetragenen Forderungen genügen muss.

Das System Schule schafft hingegen eine künstliche Lern- und Erziehungssituation, die Schüler nahezu vollständig von allen vitalen und sozialen Bezügen ablöst, sie aus dem Kontext des ganzheitlichen Erfahrungszusammenhangs reißt und sie an einen künstlichen Lernort verpflanzt. Fern der Lebenswirklichkeit wird der Lern- und Erfahrungsprozess im Ghetto Schule auf kognitiv-verbale Inhalte und bloße Als-ob-Situationen reduziert. Die meisten Kids sind bis zur Einschulung sehr kreativ, weltzugewandt und wissensdurstig, während viele von ihnen schon kurz danach einen erschreckenden Motivationsknick zeigen und die täglichen Hausaufgaben verweigern. Allerdings gibt es auch zahlreiche Gegenbeispiele und ich weiß nicht so recht, was ich da besser finden soll.

Bis zur Vorpubertät wird die Lern- und Anstrengungsbereitschaft der Schüler vor allem durch das einzig noch Lebendige in der Quarantänestation Schule gewährleistet: die Klasse und einige interessante Lehrerpersönlichkeiten. Eine Mindestmotivation wird durch die Gruppendynamik der Klasse und eine mehr oder weniger starke libidinöse Bindung an verhasste oder bewunderte Lehrer erreicht. Werden diese Bindungen in der Pubertät gelöst, dann bricht auch diese Minimalmotivation jäh zusammen und kämpfen die Lehrer einen zermürbenden Kampf gegen den allgemeinen Leistungsabfall in der Mittelstufe. Der Ausstieg der Schüler zeigt sich in Null-Bock-Haltungen, einer subversiven Unterströmung oder in offener Revolte.

Die nun seitens der Schüler praktizierte genüssliche Anwendung des Umkehrprinzips durch Störverhalten, Leistungsverweigerung und Aufmüpfigkeit kann als Akt der Selbstverteidigung verstanden werden, als Versuch, der ständigen Überfremdung die eigene spontane Bewegung und authentische

Affektivität entgegenzusetzen, um so einen letzten Rest ihres wahren Selbst zu retten. Es ist beeindruckend, wie es einzelnen Schülern und nicht selten auch der ganzen Klasse gelingt, durch passive Haltungen, lautstarke Unlustbekundungen und einen klammheimlichen Code einvernehmlicher oppositioneller Verständigung, missliebige Lehrer oder öde Unterrichtsstunden zur Strecke zu bringen und auf diese Weise r e a k t i v das Umkehrprinzip als Waffe einzusetzen. Nun haben die Lehrer den Frust und ballen insgeheim die Faust.

Allerdings trifft diese reaktive Umkehr nicht nur die Lehrer, sondern richtet sich vom Beginn der Einschulung an auch gegen einzelne Mitschüler, sodass diese Umkehr-Manöver schnell die Gruppendynamik einer ganzen Klasse negativ beeinflussen können. In jeder neu gebildeten Klasse wird schon in den ersten Tagen bei den Jungen in Rivalitäts-Ritualen streitbar oder lediglich provozierend-angeberisch die Hackordnung festgelegt. Danach gibt es die Alphatiere, die Schwächlinge und die Trottel. Mädchen bilden die Hierarchie nach körperlicher Attraktivität, modischem Chic, Eloquenz und sozialer Kompetenz. Jede Klasse braucht ihren Außenseiter, Versager, Spinner oder Clown, um auf diese im Umkehrverfahren alle möglichen Schwächen entlastend projizieren zu können.

Hinter der über den Lernstoff hergestellten Distanz des Lehrers verbirgt sich nicht selten die uneingestandene Angst vor einem persönlichen Kontakt zu den Schülern. Er fürchtet ein Umkippen des distanzregulierenden Umkehrprinzips zum Vorteil der Schüler. Dieses Umkippen droht nicht nur in Konflikten, die erhebliche Wutpotenziale freisetzen, sondern auch im Hinblick auf des gesamte Setting des Unterrichts durch ein Absinken der Arbeitsmoral unter eine kritische Grenze sowie der Entlarvung der klammheimlichen Motivations-Umkehr mit chaotischen Folgen.

Ein Hauptschulrektor hat mir in einem Telefongespräch mal offen gestanden, jeden Tag heilfroh zu sein, wenn ihm nicht die Schule abgefackelt werde. Jeder Lehrer kann ein Lied davon singen, was es heißt, jeden Tag aufs Neue lustlose Schüler für aufgenötigte Unterrichtsinhalte zu motivieren.

Insider sprechen vom »heimlichen Lehrplan« und meinen damit das e i g e n t l i c h e Unterrichtsgeschehen im Gegensatz zum vorgegebenen Curriculum und zu hehren pädagogischen Zielen. Die meisten Lehrer spüren, dass ihr Unterricht, und sei er noch so gewissenhaft methodisch-didaktisch aufbereitet, den Schülern sonstwo vorbeigeht. Aus einem gesunden Selbsterhaltungsdrang heraus boykottieren die Kleinen wie zunehmend die Heranwachsenden mehr oder weniger bewusst den Unterricht. Die jüngeren Schüler durch Unaufmerksamkeit, Schlamperei und Störverhalten, die älteren durch erklärte Null-Bock-Haltungen, Provokationen, Arbeitsverweigerungen und eine subversive Gegenkultur, die persönliche Erlebnisse, Sex und digitale Welten zum Gegenstand hat. Für Pubertierende ist die peer group weit wichtiger als das Unterrichtsgeschehen.

Verarbeitung und Wechselwirkungen sanfter Gewalt

Familie und Schule ergänzen sich wechselseitig in der erzieherischen Einübung des Umkehrprinzips. Beide Bereiche lassen es geradezu wuchern. Von frühester Zeit an wirkt in einem primären Prozess, also weitgehend unabhängig vom Verhalten des Kindes, das Umkehrprinzip erzieherisch auf die Zwerge ein, um dann in der Schule verstärkt fortgesetzt zu werden. Die Kinder verinnerlichen das Verfahren und geben es, soweit möglich, reaktiv (sekundär) an die Umwelt zurück und bauen es als nützliche Abwehrstruktur in ihren Charakter ein.

Diese Verarbeitung kann, grob gesehen, entweder eher extravertiert erfolgen, wie meist bei den Jungen, über eine expansiv-aggressiv betonte Entwicklung. Sie ist dann meist von einer im Hinblick auf die Kindheitstraumatisierungen kompensatorischen Aufblähung des narzisstischen Größenselbst begleitet und der Neigung, es an anderen auszuagieren, nicht selten mit einer sadistischen Tönung. Oder aber sie verläuft eher introvertiert und vorwiegend depressiv-masochistisch, wie häufig bei Mädchen, begleitet von unterdrückten Wut- und Racheimpulsen bei manifester Anpassungsbereitschaft.

Beide Varianten der innerpsychischen Verarbeitung begünstigen das Umkehrprinzip. Im ersten Fall wird betont narzisstisch der Stärkepol eingeübt, während im zweiten Fall ein hoher angestauter Druck im Selbstwerterleben entsteht, der bei allen möglichen Gelegenheiten das Umkehrprinzip aktualisiert, vor allem im Mutter-Kind-Verhältnis, in Partnerschaften und Ehen sowie im Beruf und - ideologisch gestützt - im Geschlechterkampf.

Familie und Schule können als Agenturen des Umkehrprinzips verstanden werden, die das Umkehrverfahren den Kindern und

Heranwachsenden hart einprogrammieren, bis sie davon durchdrungen sind und ihnen die Anwendung zur Gewohnheit geworden ist. Der Ansatz dazu geschieht, wie wir gesehen haben, sehr früh. Bereits im zweiten Lebensjahr ist das Umkehrprinzip im Spiel der Kinder zu beobachten. Schon wenige Jahre darauf steht es in voller Blüte, vor allem im Bereich der Geschwisterrivalität, wo es oft gnadenlos ausgeübt wird. Die therapeutische Erfahrung zeigt, dass es bei fünf-, sechs- oder siebenjährigen Kindern häufig schon charakterlich verfestigt ist und nur noch durch eine intensive psychotherapeutische Behandlung abgeschwächt werden kann.

In früheren Jahrhunderten wurde das Umkehrprinzip von Eltern und Erziehern in aller Regel erbarmungslos eingebläut. Heute kommt es eher auf leisen Sohlen und menschenfreundlich daher, liberal-permissiv, ist jedoch nichtsdestoweniger als ständige Beeinflussung und verdeckte Manipulation wirksam. Sachzwänge und die raue Lebenswirklichkeit liefern die nötige Begründung. Diese Methode ist schwer zu durchschauen. So fragte mich einmal eine Lehrerin, ob für das Kind, das bei mir in Therapie war, nicht »eine ganztägige Bewusstseinsbegleitung« sinnvoll wäre und meinte damit die Einweisung in ein Heim - die bittere Kost des Umkehrprinzips freundlich verpackt und mit Geschmacksverstärkern angereichert. »Brutality with a smile« hätte Alfred Hitchcock dazu gesagt.

Die Grundtatsache ist die gleiche. Das Kind wird dem Willen des Erwachsenen unterworfen und sich selbst entfremdet. Es wird erzieherisch in ein ihm wesensfremdes Wertesystem hineingezwungen und verliert zunehmend seine spezifisch kindlichen Fähigkeiten: seine Bewegungslust und Gefühlsintensität, seinen Beziehungshunger, seine Neugier, Spontaneität, Lebensfreude und Kreativität. Vor allem aber verliert es den Kontakt zu seiner eigenen Mitte, verliert die Zentrierung und kann als Folge davon nur noch unzulänglich die eigenen Wünsche, Bedürfnisse, Ängste und Gefühle wahrnehmen. Es orientiert sich nach außen, passt sich über Gebühr den Eltern, Lehrern, Mitschülern und einflussreichen Erwachsenen an. Im Elternhaus wird bereits das Fundament dieser Fremdbestimmung gelegt und das Umkehrprinzip fest verankert. Die Schule baut darauf auf, entwickelt den Fremdzwang zur Norm und Perfektion und die Heranwachsenden verinnerlichen ihn zum Selbstzwang. Schlussendlich halten sie ihr überfremdetes falsches Selbst für das wahre.

Das pubertäre Umkehr-Drama

Erst die Pubertät bringt eine dramatische Wende. Nun richtet sich das Umkehrprinzip gegen jene, die es riefen - gegen die Eltern und Lehrer. Jetzt ist es an den Jugendlichen zu zeigen, dass sie die Umkehr-Lektion, die sie jahrelang erdulden mussten, gelernt haben. Mit der beschleunigten körperlichen Entwicklung, der emotionalen Ablösung von den Bezugspersonen und dem Abschied von der Kindheit machen Jugendliche nun die aufregende Erfahrung, den Eltern und Lehrern in manchen Bereichen nicht mehr unterlegen, sondern teilweise sogar überlegen zu sein, sei es an Größe, Kraft, Aussehen, Geschicklichkeit, Wissen, Kreativität, Sportlichkeit oder Kontaktfähigkeit. Mit der ersten schwärmerischen Liebe erfahren sie die emotionale Unabhängigkeit von den Eltern und mit dem ersten fahrbaren Untersatz die räumliche. Neue Erfahrungsräume jenseits des Elternhauses und der Schule werden interessant. Trotz der Trauer um die verlorene Kindheit ist dieses Heranwachsen überwiegend lustbetont, nicht zuletzt auch aufgrund der Leitbilder einer hippen Jugend, die in den Medien und der Mode den Jugendlichen angedient werden.

Tag für Tag werden neue Umkehr-Erfahrungen gemacht, die das Selbstgefühl stärken: dass der Vater gar nicht so mächtig und bedrohlich ist wie geglaubt; dass die Mutter überängstlich ist oder dass der Lehrer im Grunde Bammel vor seinen Schülern hat und sich schlampig vorbereitet.

Da ist es nicht verwunderlich, dass die Erwachsenen diese Veränderungen als äußerst bedrohlich erfahren. Wird ihnen doch nun mit einem Mal ihre wirksamste Waffe, das Umkehrprinzip, aus der Hand geschlagen. Sie müssen erfahren, dass sich diese scharfe Waffe nun gegen sie selbst richtet. Je rigider in der Familie und in der Schule das Umkehrprinzip zur Geltung kam, desto dramatischer verläuft nun dieser Ablösungsprozess.

Nach meiner Beobachtung richtet sich in der Pubertät das

92

Umkehrprinzip vor allem dann mit voller Schärfe gegen die Eltern, wenn sie das Kind geschlagen und wiederholt gedemütigt haben. Mütter zeigen oft schon während der Vorpubertät massive Ängste, der Sohn könnte irgendwann zurückschlagen. Nicht selten geraten sie dann fast in Panik, wenn er in einer streitbaren Auseinandersetzung drohend die Faust ballt.

Ein Junge, der von seinem Stiefvater häufig geschlagen und sadistisch bedroht worden war - es ist derselbe, der mich durch seine krassen Verspätungen auf das Umkehrprinzip brachte -, äußerte in einer Stunde freimütig, dass er sehnlichst auf den Tag warte, an dem er stark genug sei, um seinen Stiefvater »niederzumachen«. Der Stiefvater seinerseits, durchaus kein Schwächling, gab seiner quälenden Befürchtung Ausdruck, dass der Junge ihn einmal überragen könnte. Mit dem Ausspruch, »dann schneidet er mir auch noch den letzten Zipfel ab«, gab er einen unüberhörbaren Hinweis auf ganz konkrete Kastrationsängste, weil er Jahre vorher seinen Stiefsohn aus dem Ehebett verbannt hatte.

Erwachsene, die Kinder schlagen, körperlich oder seelisch bedrohen, sie einsperren, demütigen oder sexuell missbrauchen, nutzen das Umkehrprinzip bereits auf der Ebene der Grundstruktur (Riesen/Zwerge) bedenkenlos zu ihrem Vorteil aus. Sie überwältigen das Kind dank ihrer körperlichen und psychischen Überlegenheit und beuten dessen Abhängigkeit skrupellos aus. Derartige Verhaltensweisen führen nicht selten zu schwersten Traumatisierungen, die in kriminellen Drogenkarrieren oder in der Prostitution enden und dann das Umkehrprinzip in extrem selbstschädigender Form inszenieren, um so die Schrecken der Kindheit zu bewältigen.

Das sind zum Glück die wenigsten Fälle. Im durchschnittlichen Verlauf wehrt sich das Kind bei entsprechenden Übergriffen, macht reaktiv Gebrauch von zahlreichen Möglichkeiten des Umkehrprinzips (Trotz, destruktives Verhalten, Verweigerungen, Gegenwehr, Vorwürfe) und setzt es später im pubertären

Ablösungsprozess gezielt und rücksichtslos als Waffe ein.

Durchgängig sind nun die Klagen der Erwachsenen, der Eltern wie der Lehrer, dass die Heranwachsenden nicht mehr gehorchten und »dass sie tun, was sie wollen« - eine entlarvende Aussage, die sehr richtig den Kern der Veränderung benennt. Das bislang erzieherisch aufrechterhaltene Umkehrprinzip im Erwachsenen-Kind-Verhältnis funktioniert nicht mehr. Die Jungendlichen beginnen zu spüren, was sie e i g e n t l i c h möchten. Sie durchschauen die repressiven und manipulierenden Methoden der Erziehung, lehnen sich dagegen auf und setzen der gewohnten Fremdbestimmung das eigene Wollen entgegen. Der pubertäre und adoleszente Ablösungskonflikt ist ganz wesentlich ein Prozess der Identitätssuche und Selbst-Findung - bei günstigem Verlauf eine Annäherung an das wahre Selbst, die eigene Mitte.

Häufig wird jedoch eine Stärkung des labilen Selbstgefühls lediglich in einer Umpolung des Umkehrprinzips gesucht. Innere und äußere Positionen werden schrittweise besetzt, die ein Gefühl der Überlegenheit und einer grandiosen Einzigartigkeit garantieren, wobei dieses Größenselbst oft wunderliche Blüten treibt. Die Umorientierung erfolgt tastend, oft auch sprunghaft, begleitet von Stimmungsschwankungen und rasch wechselnden Identifikationen und Kontakten. Gelingt es nicht, das Umkehrprinzip für eine tragfähige Selbstwertregulation zu nutzen, dann kommt es nicht selten zu depressiv-suizidalen oder gar psychotischen Episoden.

Noch immer wird die Pubertät im Wesentlichen lediglich als ein Identitäts- und Ablösungskonflikt verstanden. Dieses Erklärungsmuster greift zu kurz und lässt manche Frage offen. Es macht nicht ausreichend verständlich, warum der Konflikt häufig von massiven Rachegelüsten getrieben ist. Im Rahmen des Umkehrprinzips sind dagegen sowohl die scheinbar überzogenen Reaktionen der Jugendlichen wie die übersteigerten der Eltern leicht zu verstehen. Verständlich wird dann auch, warum diese Phase je nach Elternhaus und den schulischen Einflüssen recht unterschiedlich verläuft. Je unüberlegter vorher in der Familie das Umkehrprinzip ausgelebt wurde, desto selbstverständlicher wird nun der/die Jugendliche gegenüber den Eltern und Lehrern davon Gebrauch machen. Wie du mir, so ich dir. Aus unterschiedlichen Erziehungsstilen erklären sich auch historische und kulturspezifische Unterschiede im Ablauf der Pubertätskonflikte.

Nun ist es an den Eltern, sich hilflos, schwach und ausgeliefert zu fühlen. Die Machtverhältnisse haben sich umgekehrt. Mit wachsender Verselbstständigung wird den Jugendlichen jede Form erzieherischer Einwirkung verdächtig. Sie sind darauf aus, ihre gewonnene Freiheit zielstrebig und rücksichtslos auszubauen. Die peer group und mediale Leitbilder geben den nötigen Rückhalt. Das Umkehrprinzip ist seinen negativen Formen sadomasochistisch. Das erklärt, warum so viele Jugendliche dem Ärger, dem Schmerz und den depressiven Einbrüchen ihrer Eltern gleichgültig zusehen und oft dabei auch noch Schadenfreude empfinden. Dasselbe gilt in dieser Zeit hinsichtlich der Hilflosigkeit mancher Lehrer.

Alle Persönlichkeitszüge und Verhaltensweisen werden verstärkt, die im Sinne des Umkehrprinzips ein Grundgefühl narzisstischer Selbstaufwertung versprechen. Auch viele Zukunftsentwürfe der Pubertierenden sind vom Umkehrprinzip bestimmt, von Berufswünschen, die der Aufbesserung des Selbst entgegenkommen und von Beziehungsfantasien, die der eigenen Bedeutsamkeit schmeicheln.

Die Pubertät ist demnach in vielen Fällen d e r Dreh- und Angelpunkt für einen Switch des Umkehrprinzips von den Erwachsenen zu den Jugendlichen. Dessen passives Erleiden wird ersetzt durch eine aktive Aneignung dieser allzeit tauglichen Abwehrstrategie. Die Jugendlichen rüsten sich, nun ihrerseits zu Experten des Umkehrprinzips zu werden. Sie schaffen so die Vorbedingungen dafür, dass sie nur wenige Jahre später ihren eigenen Kindern im Interesse einer förderlichen Erziehung und der Ertüchtigung für das Leben das Umkehrprinzip angedeihen lassen.

Das gesellschaftliche Entgegenkommen

Familie und Schule befördern, wie wir gesehen haben, schon frühzeitig und nachhaltig Umkehrbereitschaften. Diese sind nun keineswegs gesellschaftlich geächtet, sondern im Gegenteil durchaus gesellschaftsfähig und Erfolg versprechend, nicht selten sogar erwünscht. Die modernen Industrie- und Konsumgesellschaften beziehen einen Großteil ihrer Dynamik und Effizienz (wie auch ihrer destruktiven Kraft) aus dem Umkehrprinzip. Die individuellen Umkehrbereitschaften treffen auf ein breites gesellschaftliches Entgegenkommen, sodass Wechselwirkungen entstehen, die das Umkehrprinzip laufend verstärken. Der vorherrschende Gesellschaftscharakter zeigt eine unverkennbare Affinität zum Umkehrprinzip. Die sozio-ökonomischen Strukturen und sozialpsychologischen Dominanten wirken als Verstärker der individualpsychologisch begründeten Umkehrbereitschaften. Im Gegenzug wird die Gesellschaftsstruktur durch die Unzahl der individuellen Umkehr-Kompetenzen stets neu aufgeladen in einer äußerst komplexen Verflechtungsdynamik. Diese Prozesse verlaufen weitgehend blind, sind hinsichtlich ihrer individuellen und kollektiven Wirkung größtenteils der bewussten Wahrnehmung entzogen. Dadurch produzieren und reproduzieren sie ständig gesellschaftliche Unbewusstheit mit destruktiven Folgen.

Die Meister eines nekrophilen Umkehrprinzips

Die Psychoanalyse hat eine Reihe sogenannter »Abwehrmechanismen« in die Diskussion eingeführt, Strategien, die dem Einzelnen ermöglichen, unliebsame Persönlichkeitsanteile unter Kontrolle zu halten. Zwei dieser Abwehrmechanismen, die »Identifikation mit dem Aggressor« und die »Projektion« sind für das Auftreten von Umkehr-Phänomenen von Bedeutung, weil sie den Austausch zwischen individuellen und kollektiven Prozessen enorm befördern.

Sehr viele Menschen haben eine unglückliche Kindheit gehabt und mussten die Wirkungen des Umkehrprinzips in dieser Zeit überwiegend passiv über sich ergehen lassen. Aus diesem schmerzlichen Erleben heraus zeigen sie eine starke Neigung sich mit jeglicher Form von Macht, Stärke und Größe zu identifizieren, um ihren Selbstwert aufzubessern. Es handelt sich dabei in aller Regel um den genannten Abwehrmechanismus der »Identifikation mit dem Aggressor«, der vor allem die aggressiven Züge und die Grandiosität des bewunderten Objekts im Auge hat. Die identifikatorische Verschmelzung mit einem Ich-Ideal, das Überlegenheit, Allmacht, Rücksichtslosigkeit, Gerissenheit und Unabhängigkeit ausstrahlt, dient nicht nur der eigenen Aggressionsabfuhr, sondern bessert auch das mangelhafte Selbstbild auf. Die Identifikation lässt zumindest zeitweise die wohltuende Illusion erleben, selbst der Westernheld, der siegreiche Champion, der gerissene Politiker oder die Superfrau zu sein. Sie gewährt eine Art participation mystique an der Aura von Glamour, Sensation, Thrill und unumschränkter Macht, umso mehr, wenn das eigene Leben grau und unscheinbar ist.

Diese Identifikation mit der Stärke hat dem Nationalsozialismus zur Macht verholfen. Hitler war sich dessen bewusst. Die ebenso grandiose wie schaurig-nekrophile Selbstinszenierung der Bewegung in Lichtdomen, Fackelzügen, Massenaufmärschen, gigantischen Parteitagen, Fahnenweihen sowie einer spektakulär inszenierten Olympiade (1936), war von dem Bestreben gekennzeichnet, wiedererstandene Macht und Stärke möglichst sinnfällig vor aller Welt zu demonstrieren und das Volk über eine Massenhysterie in diesen Machtrausch einzubinden. Bezeichnenderweise hat Hitler oft bis in die kleinsten Details hinein selbst Regie geführt, so wie er auch der Erste war, der zu seinen Wahlveranstaltungen aus den Wolken auf die Massen hernieder kam. In den spannungsgeladenen Wochen vor dem Überfall auf Polen (1939) hat Hitler im engsten Kreis mehrfach geäußert, dass nach einem gewonnen Krieg niemand mehr danach frage, wer ihn angefangen habe. Wichtig sei einzig und allein zu siegen. Dem Sieger gehörten die Sympathien.

Ich finde, dass in der kritischen Aufarbeitung des dunkelsten Kapitels der deutschen Geschichte viel zu wenig danach gefragt wird, warum im Land der Dichter und Denker Millionen von diesem machtbesessenen Schreier, diesem Blender und hasserfüllten Demagogen derart begeistert waren und ihn so bereitwillig in ihr Ich-Ideal aufnahmen. Führer befiel, wir folgen dir! Meist wird stattdessen gefragt, warum nicht mehr Menschen Widerstand geleistet haben, wobei diese Frage im Hinblick auf die Kriegsjahre 1939 bis 1945 und die damit verbundenen Gräuel im Osten und in den Konzentrationslagern gestellt wird. Die Antwort lautet: Weil da das Terror- und Überwachungssystem schon voll ausgebaut war. Ergiebiger ist, danach zu fragen, wo 1933 die Wurzeln des Massenwahns zu suchen sind und wo noch heute aus vergleichbaren Gründen der Alltagsfaschismus gespeist wird.

Die Nationalsozialisten waren Meister des Todes, Experten eines nekrophilen Umkehrprinzips. Ihre zwölfjährige Herrschaft hat Deutschland in ein Trümmerfeld verwandelt und die geistige Landschaft auf Jahrzehnte hin verseucht. Durchgängig ist in ihrer Propaganda und Selbstdarstellung die Herrenmenschen-Anmaßung, die Verachtung und erstrebte »Ausmerzung« alles Schwachen. Ich sehe in der exzessiven und systematischen Durchsetzung des Umkehrprinzips durch die Nationalsozialisten den Schlüssel zum Verständnis der Hitlerzeit, vor allem der massenpsychologischen Vorgänge. Die kollektive Identifikation mit dem von den Nazis aufwändig inszenierten hybriden Pomp bildet die libidinöse Basis, die in den Folgejahren den Terror ungehindert geschehen lässt.

Auch der zweite psychische Mechanismus, die »Projektion«, lässt sich am Nationalsozialismus in seinen schrecklichen Folgen aufzeigen. Die Abspaltung negativer, angstgeladener Selbstanteile und deren Verlagerung auf ein Feindbild, zwingt das inkriminierte Objekt an den Schwächepol und festigt damit die eigene Überlegenheit. Das arische Herrenmenschentum benötigte zu seiner aufgeblähten Selbsterhöhung die projektive Besetzung von rassistisch abgewerteten Feindbildern. Diese Projektionen haben Millionen Menschen das Leben gekostet und ihnen unsägliche Qualen zugefügt, den Juden und Kommunisten, den Homosexuellen, den Sinti und Roma, russischen Kriegsgefangenen und slawischen »Untermenschen«, mutigen Christen, Zeugen Jehovas und vielen anderen mehr.

Projektionen sind in unserem Leben an der Tagesordnung. Wie die Identifikationen mit Macht und Stärke sind sie schon bei Kindern zu finden, je mehr sie in Therapien dem Umkehrprinzip frönen, desto mehr. Stets werden der Selbsthass und das eigene Versagen auf andere projiziert, werden anderen Menschen Eigenschaften und Verhaltensweisen unterstellt, die in aller Regel die eigenen sind. Der andere wird zum verachteten Schwächling gemacht, um die eigene Schwäche zu verbergen, wird zum Bösen schlechthin, um die eigene Aggression loszuwerden. Projektive Vorgänge produzieren zwangsläufig Feindbilder, Außenseiter und schwarze Schafe. Sie heizen die Stimmung gegen Minderheiten an und bekämpfen alles, was nicht den eigenen Vorstellungen entspricht. Sie sind die Kehrseite idealisierender Identifikationen und wirken wie diese destruktiv, da auf die Idealisierung zumeist die Entwertung folgt. Beide verhindern eine realistische Begegnung auf der Beziehungsebene wie auch eine Fühlungnahme zum eigenen Selbst. Beide verhärten den Selbstverlust.

Missachtung der Kindheit in kollektiver Blindheit

Angesichts solcher Gräuel fragt man sich, warum die Ächtung des Umkehrprinzips in seiner destruktiven Form nicht längst in den Dekalog christlicher Gebote aufgenommen ist. Man fragt sich auch, warum dieser im Grunde leicht zu durchschauende Vorgang der ständigen Reproduktion des Umkehrprinzips und der dadurch verursachten Schäden nicht längst von Eltern und Lehrern erkannt und aufgehoben ist. Sind das allesamt böswillige Sadisten? Sicher nicht. Die Erklärung liegt in der ausführlich dargestellten Tatsache, dass das Umkehrprinzip in jedem Erwachsenen innerlich fest verankert ist zur Verdrängung der eigenen belastenden Kindheit, sodass über eine erzieherische Distanz die Begegnung mit dem inneren weinenden Kind vermieden werden muss. Dieser Vorgang verläuft weitgehend unbewusst und wird lediglich in Konflikten, wie vorwiegend der Pubertät, dem Bewusstsein zugänglich, um dann größte Ratlosigkeit auszulösen.

Es handelt sich dabei um kollektive Blindheiten, die historisch eine lange Tradition haben in der Missachtung des Kindlichen. In den letzten Jahrzehnten hat die Kindheitsforschung dazu ein ebenso reichhaltiges wie erschütterndes Material zutage gefördert. Durch die Jahrhunderte zieht sich in wechselnden Abwandlungen die Überzeugung einer mangelnden Soziabilität des Kindes. Das heißt: Ein Kind muss möglichst frühzeitig intensiv geformt werden, soll es nicht zu einem kleinen Wilden verkommen. Die Vernachlässigung des eigenen inneren Kindes geht auf diese Weise traditionell Hand in Hand mit einer grundsätzlichen Geringschätzung der je gültigen zeittypischen Kindheit und kindlicher Eigenart.

Historische Studien haben eine Fülle an Erkenntnissen erbracht zu sakrosankten Erziehungsvorstellungen und deren Auswirkungen in vergangenen Jahrhunderten. Über alle Zeiten hinweg erscheint die Kindheit entweder als Projektionsschirm verklär--

ender oder dämonisierender Vorstellungen der Erwachsenen. In beiden Fällen gehen entsprechende Ideologien an den wahren Bedürfnissen der Kinder vorbei. Hinzu kommt das allgemeine Elend, das die Sozialgeschichte beschreibt. Der Alltag der Kinder ist voller Schrecken. Frühere Kindheiten sind nicht nur geprägt von Armut und Verzicht, von vielfachen Bedrohungen, von Hunger und Kälte sowie einer hohen Säuglings- und Kindersterblichkeit, von schlimmen Krankheiten und Verletzungen, sondern auch von brutalen Züchtigungen und Demütigungen, von sexuellen Übergriffen, von körerlicher und seelischer Verwahrlosung, von Analphabetismus, Kinderarbeit und Kindesaussetzungen, von zugefügten Verkrüppelungen, um das Betteln zu befördern, von Kindesmord und einer weit verbreiteten Gleichgültigkeit allem Kindlichen gegenüber. Es gibt Gegenbeispiele, doch zählen sie wenig in Anbetracht des allgemeinen Elends.

Verglichen damit erscheint die Kindheit unserer Zeit wie ein Schlaraffenland. In materieller Hinsicht und im Hinblick auf gängige Verwöhnungshaltungen ist das sicher richtig. Die allermeisten Kinder sind gut genährt, adrett gekleidet, können lesen, schreiben und rechnen und wissen oft mehr als die schlauesten Leute vergangener Zeiten. Sie müssen im Morgengrauen nicht mehr unausgeschlafen und barfuß weite Wege zu Manufakturen und Bergwerken laufen und wachsen in einer angeblich kinderfreundlichen Umgebung auf.

Doch machen wir uns nichts vor. Bei genauerem Hinsehen wird schnell deutlich, dass die Missachtung des Kindlichen auch in unserer Zeit anzutreffen ist. Nicht nur in der allgegenwärtigen Erziehungswut und einer zunehmenden Verschulung, sondern auch im Hinblick auf eine gefährdete Umwelt. Unsere Kinder werden in Betonlandschaften hineingeboren, die kindlichen Bedürfnissen in keiner Weise entsprechen, geprägt von Lärm, Hektik, einem gefährlichen Straßenverkehr, Reizüberflutung und drastisch reduzierten Naturerfahrungen. Kindheitsforscher sprechen von einem Rückgang der Straßensozialisation mit entsprechenden Abenteuern in der Gruppe und einer durch die Bebauung und den Straßenverkehr erzwungenen Verhäuslichung. Die meisten Kinder verbringen die Zeit in ihren Zimmern, gelangweilt von fantasielosen Spielangeboten und einer Überflutung digitaler Medien, deren gewalttätige und pornografische Inhalte weitgehend von kommerziellen Interessen bestimmt sind und an den wahren Bedürfnissen der Kinder vorbeigehen.

Zwar erhalten Kinder und Jugendliche heute weit mehr Fürsorge und Aufmerksamkeit als in vergangenen Zeiten. Doch dient diese Zuwendung häufig dem Ego der Eltern, ihrem Gefühlshaushalt und ihrer Selbstwertregulation. Vor allem jedoch hat dieses verstärkte Interesse einen schon fast zwanghaften erzieherischen Zugriff in den Familien und Schulen zur Folge. Im historischen Vergleich ist der Erziehungseifer der Gegenwart sehr auffällig, scheint doch unsere Zeit, verglichen etwa mit dem Mittelalter, von einer wahren Erziehungswut besessen zu sein. Die vorangegangenen Ausführungen haben gezeigt, wie sehr diese vermeintlich förderlichen, dem Kindeswohl dienenden Anstrengungen vom Umkehrprinzip bestimmt sind und nicht selten für die kindliche Entwicklung bedenkliche Folgen haben. Sie setzen ungewollt und ideologisch abgesichert die traditionelle Missachtung des Kindlichen fort, in der beruhigenden Annahme, dass es den Kindern und Jugendlichen noch nie so gut wie heute ging.

Da es sich bei all dem um weitgehend unbewusste gesamtgesellschaftliche Prozesse geht, die nur ideologiekritisch greifbar werden, verlaufen sie in kollektiver Blindheit vermeintlich in eine erfreuliche Richtung. Sie werden nur in fragmentierter Form und in krisenhaften Zuspitzungen auffällig und zum Ärgernis. Wichtig ist zu sehen, dass die Missachtung des Kindlichen eine lange historische Tradition hat, die bis in unsere Gegenwart nachwirkt und auf diese Weise das Umkehrprinzip gesellschaftlich befördert. Bislang hat noch jede Zeit ihre Erziehungsvorstellungen für die einzig richtigen gehalten.

Kollektive Umkehr-Verstärker

In der Missachtung des Kindlichen spiegelt sich eine kollektive Beziehungsstörung und eine Entfremdung vom Wesentlichen des menschlichen Lebens. Neben der Verdrängung der eigenen traumatisierenden Kindheit und der traditionellen Missachtung des Kindes ist die veräußerlichte Lebensweise der digitalisierten Konsumgesellschaft ein weiterer Grund für die kollektive Blindheit gegenüber dem allgegenwärtigen Umkehrprinzip und dessen ungebremster Dynamik. So kommt zu den ausgeführten individualpsychologischen und historisch bedingten Gründen noch eine sozial- und massenpsychologische Komponente, wodurch sich jeder Einzelne im gesellschaftlichen Umfeld pausenlos vielfachen Umkehr-Anreizen ausgesetzt sieht und zu Verhaltensweisen im Sinne des Umkehrprinzips verleitet wird. Das Umkehrprinzip ist dem Kapitalismus der westlichen Welt hart einprogrammiert und fester Bestandteil seiner Wirtschaftslogik. Erziehung und Verschulung arbeiten dem System nach Kräften zu.

Vier Jahre vor seinem Tod hat 1976 der Psychoanalytiker und Sozialphilosoph Erich Fromm sein berühmtes Werk *Haben oder Sein. Die seelischen Grundlagen einer neuen Gesellschaft* veröffentlicht. Er zeigt darin - und daran hat sich in der Zwischenzeit wenig geändert -, dass unser kapitalistisches Wirtschafts- und Gesellschaftssystem von destruktiven Kräften bestimmt ist, die Habgier und Selbstsucht befördern und die Natur in einem bedrohlichen Ausmaß schädigen. Die Verheißung eines unbegrenzten Fortschritts ist zur Illusion geworden. Der Mensch, der nicht länger vom Haben sondern vom Sein geleitet sein möchte, sucht nach alternativen Wegen zu einer Existenz, die sich auf die humanen Kräfte des Menschen besinnt. Hinsichtlich der Haben-Mentalität argumentiert Fromm weitgehend im Horizont eines negativen Umkehrprinzips und plädiert für einen neuen Menschen, der sich daraus befreit.

103

Die folgenden fünf kollektiven Umkehr-Verstärker sind im Sinne der von Fromm beschriebenen Haben-Mentalität zu verstehen.

1. Besitzstreben und Konsumverhalten

Der Zusammenhang mit dem Umkehrprinzip ist unmittelbar einleuchtend: »Haste was, dann biste was.« In einer luxurierenden Überflussgesellschaft wird die Anhäufung von materiellen Gütern, verbunden mit einer unersättlichen Konsumption, zur wichtigsten Triebfeder des Lebens. Über das Haben und das Konsumverhalten wird ein defizientes Selbstwerterleben aufgebessert, um so die aus frühester Kindheit herrührende narzisstische Wunde zu heilen, die orale Gier zu stillen und die überlegene soziale Stellung sichtbar zu machen. Die Besitzhierarchie, das verdinglichte Umkehrprinzip, zeigt sich in Häusern, Grundstücken, Autos, Wertanlagen, in der Kleidung und der Wohnungseinrichtung, wie auch in einem mehr oder weniger protzigen Lebensstil. Immer ist sich der Konsument oder Besitzer des relativen Rangs seiner Aneignung im Oben-unten-Verhältnis bewusst. Besitz und Konsum dienen selten ausschließlich der eigenen Bedürfnisbefriedigung oder der Lebensverschönerung. Meist geht es dabei auch um die Demonstration von Macht, Ansehen, Überlegenheit und den damit erzielten Distinktionsgewinn.

2. Karrieredenken

In einer Ellbogengesellschaft sind engagierte Aufstiegswillige gefragt mit Durchsetzungsvermögen und einem starken Selbstbewusstsein. Von Vorteil sind gute Startbedingungen, eine Portion Gerissenheit und Rücksichtslosigkeit, überdurchschnittlicher Ehrgeiz und eine gezielte Karriereplanung. Das berufliche Fortkommen wird als steiler Weg nach o b e n gedacht. Der

Aufstieg garantiert ein hohes Einkommen und soziale Anerkennung. Jeder erstrebt eine möglichst hohe Position auf der
Karriereleiter und sucht Konkurrenten auszuschalten. Er möchte ü b e r den anderen stehen und w e i t e r kommen als sie.
Bestimmte Berufe sind allein schon wegen des damit verbundenen Sozialprestiges erstrebenswert. Sie lohnen den hohen Leis-
tungsaufwand, weil sie später das befriedigende Gefühl vermitteln, es geschafft und den anderen gezeigt zu haben. Nicht selten führt der ehrgeizige Aufstieg zu einem stressigen Leistungsdruck und zu charakterlichen Verhärtungen. Der Aufstiegswille
rechtfertigt die zunehmende Verschulung und deformiert schon
die Eltern-Kind-Beziehung zu einem System von Leistung und
Gegenleistung. Viele Kinder können sich nur dann der Liebe
ihrer Eltern sicher sein, wenn sie in der Schule nicht versagen.

3. Konkurrenz statt Solidarität

Die moderne Wirtschaftsrationalität fußt auf dem Konkurrenz-
prinzip, einem gnadenlosen Verdrängungswettbewerb, der vollen Einsatz erfordert. Wer nicht mithalten kann, bleibt auf der
Strecke. Jeder sieht in seinem Arbeitskollegen den möglichen
Rivalen, den es zu überrunden gilt. Schulische und berufliche
Selektionsinstrumente und Anreizsysteme sorgen für den nötigen Druck. In diesem kollektiven Kampf aller gegen alle wird
das Umkehrprinzip zur nützlichen Überlebensstrategie, zur
wirksamen Waffe im Kampf um Chancen und Positionen. Besitz und Leistung sichern die Startpositionen, Berechnung und
Egomanie befördern den Erfolg. Jede Schwäche des Konkurrenten wird zur Festigung der eigenen Überlegenheit ausge-
nutzt. Der Erfolg zählt, nicht die Wahl der Mittel. Ehrgeiz,
Machtstreben und Neid sind die Triebkräfte dieser Dynamik.
Dieses Konkurrenzdenken bestimmt nicht nur das Wirtschafts-
leben, sondern auch den schulischen Alltag, das partnerschaftli-
che Zusammenleben und das Geschwisterverhältnis in den
Familien - beste Bedingungen für das Gedeihen des Umkehrprinzips.

4. Die Überbetonung des rational-quantifizierenden Denkens

Der Aufstieg der modernen Industriegesellschaften ging Hand in Hand mit dem der exakten Naturwissensschaften und einer sich rasant entwickelnden Technik. Es ist daher nicht verwunderlich, dass das vorherrschende Denken in den führenden Industrienationen technokratisch ist. Es versteht die Welt quantifizierend, binär-digital, linear, denkt in Subjekt-Objekt-Kategorien, in Ursache-Wirkungs-Zusammenhängen und Kosten-Nutzen-Dimensionen. Es misst, bewertet und strukturiert verbal nach hierarchischen Begriffsebenen. Die Denkbewegung ist zweckrational und affektisolierend. Dieses technokratische Denken bestimmt nicht nur die Technik und die Naturwissenschaften, die Wirtschaft, Politik, Bürokratie und Medizin, sondern inzwischen auch viele Bereiche der Psychologie und der Verhaltenswissenschaften wie auch unseres Alltagslebens. Weitgehend ausgeschlossen aus diesem Denken sind unbewusste Prozesse, Paradoxien und symbolische Denkfiguren, Mythen, Träume, Fantasien, bildhafte Imaginationen und Gefühle. Dadurch aber werden ganzheitliche Sehweisen und Erfahrungen verhindert. Die radikale Polarisierung von Gefühl und Verstand, Körper und Geist, Mensch und Natur, Subjekt und Objekt, ermöglicht kaum mehr ganzheitliche Sinn- und Bewusstseinserfahrungen. Das lineare, kausal-quantifizierende Denken erschwert die Wahrnehmung eher zyklisch verlaufender synergetischer Öko-Systeme und biologischer Vernetzungen. Am meisten wiederspricht diese Zweckrationalität jedoch dem Erleben der Kinder, die noch bis ins Schulalter hinein dem magischen Denken verhaftet sind, sodass den Erwachsenen ihre Übervernünftigkeit und Affektleere nicht nur die Einfühlung in das Spiel und Verhalten der eigenen Kinder erschwert, sondern auch den Zugang zu ihrem inneren Kind versperrt. Das gekennzeichnete Denken entspricht der polarisierenden Logik des Umkehrprinzips und verweist in seiner Einseitigkeit auf eine kollektive Beziehungsstörung.

5. Patriarchale Restbestände

Das technokratische Denken ist wie die Industrielle Revolution eine Ausgeburt des Männlichen und verweist auf dessen immer noch andauernde Dominanz. Im Patriarchat war jahrtausendelang die Vorherrschaft der Männer zu Lasten der Frauen samt allen negativen Auswirkungen des Umkehrprinzips festgeschrieben.

Die feministische Bewegung, in ihrer militanten Form nun selbst das Umkehrprinzip befördernd, hat in den letzten Jahrzehnten einiges zu ihren Gunsten verändert, sodass seit 1985 das Gender-Mainstreaming in den Vordergrund gerückt ist, der Versuch, im Geschlechterkampf basisdemokratische Lösungen anzustreben, die eine Dämpfung der schlimmsten Auswirkungen des Umkehrprinzips zur Folge haben. Doch wird die digitale Welt nach wie vor überwiegend von Männern in die Hard- und Software einprogrammiert. Die Folgen sind bekannt.

Wie sehr unsere Gesellschaft immer noch zum Nachteil der Frauen gestaltet ist, mag ein einziges Beispiel zeigen, das auch in diesem Fall weitgehend kollektiv blind verläuft. In Kitas, Kindergärten und Grundschulen sind so gut wie keine Männer anzutreffen. Warum wohl? Logo: Weil sie sich zu schade dafür sind, für wenig Geld und ohne Aufstiegschancen eine aufreibende Arbeit zu machen, die in der Öffentlichkeit kaum Anerkennung findet. Schaut man sich an den Hochschulen und Universitäten um, verhält es sich umgekehrt. Da behaupten die Platzhirsche das Feld.

Der dadurch verursachte Kollateralschaden ist enorm. Denn dieses Ungleichgewicht hat zur Folge, dass unsere Kinder bis ins elfte Lebensjahr hinein überwiegend weiblich erzogen werden und so unter einer empfindlichen Vater- und Lehrerentbehrung leiden, verbunden mit der üblen Begleiterscheinung, dass die Frauen ihren Frust im Umkehrverfahren an den Kindern auslassen. Nur höchst selten wird im politischen Diskurs darüber gesprochen.

Wir sehen: Das ganze gesellschaftliche Leben ist eingesponnen in ein klebriges Netz struktureller Verfestigungen des Umkehrprinzips. Dessen Gebrauch wird dadurch nicht nur begünstigt, sondern geradezu herausgefordert oder gar erzwungen. Ich hätte ohne Mühe den fünf Gesichtspunkten zehn weitere hinzufügen können. Doch dürfte das Wesentliche klar geworden sein. Ich bin kein Soziologe und schreibe auch keine wissenschaftliche Abhandlung. Daher auch der Verzicht auf Fußnoten und ein Literaturverzeichnis. Es geht mir lediglich um eine Skizze meiner Erkenntnisse, die das Rätsel der kollektiven Verdrängung einigermaßen verständlich machen soll. Ich hoffe, dass mir dies gelingt.

Der Teufelskreis·

An dieser Stelle schließt sich der Kreis und können wir den Entwicklungsgang des Umkehrprinzips im Zusammenhang sehen.

Sein Ursprung liegt im frühen Eltern-Kind-Verhältnis. Es kommt in Gang durch traumatisierende Kindheitserfahrungen der Eltern, die in der Verdrängung gehalten werden müssen (innerer Kindesmord, Amnesie). Die Aufrechterhaltung dieser Abspaltung der eigenen Kindheitserfahrungen wird, aufbauend auf der Grundstruktur (Riesen/Zwerge), durch die erzieherische Distanz zum leibhaftigen Kind abgesichert. Erziehung überfremdet das wahre Selbst des Kindes und nähert es verfrüht dem Erleben der Erwachsenen an. Sie delegiert im Umkehrverfahren die eigene, aus der Kindheit herrührende depressive Position an das Kind, das dadurch in seiner Identität verunsichert und in ein falsches Selbst gedrängt wird. Um dem erzieherischen Druck und dem drohenden Selbstverlust zu entgehen, aktiviert das Kind seinerseits das Umkehrprinzip, sodass nach und nach das zunächst passiv Erduldete in eine aktive Überlebensstrategie umgewandelt wird. Die primäre von den Eltern angewandte Form des Umkehrprinzips erzeugt reaktiv im Kind die sekundäre Form vielfältiger Umkehrbereitschaften. Zum Zeitpunkt der Einschulung ist das Umkehrprinzip in der Psyche der Kinder bereits fest verankert und bestimmt deren Denken und Handeln.

Auf diesem sicheren Fundament baut in der Folgezeit die schulische Erziehung auf. Eine systematisierte Fremdbestimmung programmiert das Umkehrprinzip nun für immer in die Kinder und Jugendlichen ein und treibt die Selbstentfremdung weiter voran. Zugleich vermittelt die Schule als Sozialisationsagentur zwischen den Familien und der Erwachsenenwelt. Die gesellschaftlichen Erfordernisse werden nachhaltig eingeübt und verinnerlicht. Schon im Schulalltag finden wir die wichtigsten, das Umkehrprinzip begünstigenden Charakteristika des künftigen Erwerbslebens: Zweckrationalität und logisch-versachlichtes Denken, die Fragmentierung ganzheitlicher Bezüge, Intellektualisierung und Gefühlsverarmung, Konkurrenzverhalten und egoistisches Leistungsdenken, eine quantifizierende Erfolgsevaluierung nach Kollektivnormen zum Nachteil individueller Profilierungen, eine Orientierung am Besitz (von Noten und Qualifikationen) sowie das Agieren in hierarchischen Strukturen.

Bis in die Pubertät hinein sitzen die Erwachsenen am längeren Hebel des Umkehrprinzips. Eltern und Erzieher behaupten den Machtpol und legen die Kinder auf den Schwächepol fest, begleitet von einer Verdrängung des inneren Kindes. Auf diese primäre erzieherische Einübung des Umkehrprinzips reagieren die Kleinen zwar schon sehr frühe mit sekundären Umkehraktionen oder auch mit Verhaltensauffälligkeiten, Rückzügen, nachhaltigem Trotz und allerhand anderen machtvollen Symptomen. Doch der Kampf ist ungleichgewichtig. Letztlich sind die Zwerge, trotz ihrer List, immer schwächer und abhängiger als die Riesen. Sie haben jahrelang keine Chance, die Eltern und Erzieher zu entmachten. Erst der pubertäre Ablösungsprozess bringt eine dramatische Wende. Er kehrt nun teilweise das sadistisch getönte Machtverhältnis um und lässt die Heranwachsenden zu Meistern des Umkehrprinzips werden. Bis zur Neige kosten sie ihre zunehmende Unabhängigkeit, ihre körperliche Stärke, ihre jugendliche Attraktivität und Unbeschwertheit, ihre sexuelle Potenz, ihren Wissenszuwachs und ihren wachsenden Aktionsradius aus. So sehen sich die Erwachsenen, die bislang ganz selbstverständlich das Machtmonopol eingenommen hatten, zusehends ins Minus gebracht. Sie fühlen sich hilflos, überflüssig, alt und wertlos. Das Umkehrprinzip mästet auf ihre Kosten die Jugendlichen, und die Kost scheint den Heranwachsenden bestens zu bekommen.

Die Zukunft des Umkehrprinzips liegt nun bei ihnen. Sie schicken sich an, das gewonnene Terrain im Sinne dieser Umkehr abzusichern und auszubauen. Dazu werden alle gebotenen

Möglichkeiten genutzt. Sie wollen Sex, schnelles Geld, beruflichen Erfolg, ein tolles Auto und sind fasziniert von modischen Hypes, von Macht und Stärke, frönen dem Zeitgeist und befördern technokratische Bewusstseinshaltungen. Heirat und Familie bringen die gewünschte soziale Aufwertung und sexuelle Verfügbarkeit, verbunden mit zusätzlichen Spielfeldern des Umkehrprinzips im Geschlechterverhältnis und in der Erziehung der Kinder. Der Mann stabilisiert sein brüchiges Selbst im Herrschaftsanspruch auf die Frau und im beruflichen Aufstieg sowie mit gesellschaftspolitischen Überzeugungen, die Feindbild-Besetzungen und Omnipotenzgefühle ermöglichen, während die Frau entweder ähnliche Strategien verfolgt oder ihre mütterliche Allmacht ausagiert.

Die Heranwachsenden von heute sind die Umkehr-Profis von morgen. Unaufhaltsam drängen sie im Wirtschafts- und Gesellschaftsleben in die Zentren der Überlegenheit. Schon sitzen sie an den Schalthebeln der Macht und programmieren die Welt mit technokratischem Sachverstand. Als Politiker, Manager, Unternehmer, Banker, Juristen, Ärzte, Professoren, Verwaltungschefs, Gewerkschaftler, Medienbosse und Kirchenobere besetzen sie die Führungspositionen, die allesamt der Logik des Umkehrprinzips folgen. Es wird zu ihrer zweiten Natur. Sie verrät sich nicht nur in ihrer realen Macht und in ihrem Führungsstil, sondern auch in ihrer Sprache, ihrem Auftreten, ihrem Denken und in ihren Lebensgewohnheiten. Als die Arrivierten repräsentieren sie jetzt das System, lenken das Konkurrenz- und Leistungsgetriebe und festigen die hierarchischen Strukturen. Sie geben den von ihnen Abhängigen Feindbild-Anreize, während sie gleichzeitig durch eine Aura der Macht und Stärke, des Luxus und einer vorgeblich exzellenten Fachkompetenz zu identifikatorischen Verschmelzungen verleiten. Auf breiter Front triggern sie Umkehrbereitschaften.

Da es sich bei diesen Umkehr-Spezialisten überwiegend um Männer handelt, beherrschen sie nicht nur die Natur, die Politik, das Kapital und die öffentliche Meinung, sondern im Intimraum der Familie auch ihre Frauen und Kinder. Um diesem Druck zu entgehen und nicht erneut in Kindheitspositionen zurückgeworfen zu werden, versuchen Frauen nun ihrerseits, das Umkehrprinzip zu ihren Gunsten zu nutzen. Häufig überlassen sie dem Mann das Außenfeld, während sie in den eigenen vier Wänden »die Hosen an haben«, wichtige berufliche Entscheidungen ihrer Männer maßgeblich mitbestimmen oder die Gestressten ohne Ende bemuttern und von sich abhängig machen. Nicht wenige Frauen werden ihren Männern auch dadurch unentbehrlich, dass sie den beruflichen Erfolgen ständige Bewunderung zollen. Oder aber sie verwirklichen indirekt das Umkehrprinzip durch eine gesellschaftliche Teilhabe am Nimbus des Mannes, genießen das Prestige einer Professoren- oder Arztgattin, oder sie kommen durch die Einheirat in ein Unternehmen oder in eine Adelsfamilie nach oben.

Vor allem aber wird das Umkehrprinzip im Verhältnis zu den Kindern nach Kräften ausgebeutet. Der verdrängte Groll des benachteiligten Geschlechts gerät mitunter zu einer wahren Erziehungswut. Auf diesem Feld erfährt die Mutter eine nahezu unumschränkte Macht. Hier darf sie tagtäglich Überlegenheit über ein noch weit schwächeres Wesen erleben und auf diese Weise ihr Selbstgefühl aufbessern. Über diesen Erziehungseifer werden nun die das Umkehrprinzip charakterisierenden psychischen Strukturen und konkreten Verhaltensweisen aufs Neue in das aufkeimende Leben eingepflanzt. Der Teufelskreis ist damit geschlossen.

Nun kann man natürlich einwenden, ich hätte meine Erkenntnisse vor allem in Therapien gewonnen, sie also von pathologischen Formen des Verhaltens abgeleitet, meine Kritik an den Eltern, den Erwachsenen und der Schule sei überzogen und dies alles berechtige nicht zu der Aussage, das Umkehrprinzip sei allgemeingültig. Auf solche Einwände bin ich gefasst. Den Kritikern sei gesagt: Solche Zweifel sind in der kollektiven Blindheit gegenüber dem Phänomen begründet. Denn bei genauerem Hinsehen ist die Allgemeingültigkeit des Umkehrprinzips unbestreitbar, wie auch jede tiefergehende Selbsterfahrung einen schmerzlichen Kern der eigenen Kindheit enthüllen wird. Wenn Sie mit offenen Augen durch die Welt gehen, werden Sie staunen, wie oft die Erwachsenen bereits die Grundstruktur (Riesen/Zwerge) zu Lasten der Kleinen ausbeuten und damit schon auf dieser Stufe das Umkehrprinzip in Gang setzen.

Statt erneuter Argumentationen will ich lediglich auf eine Verhaltensauffälligkeit verweisen, die so gut wie alle Kinder zeigen, die also nicht im Verdacht steht pathologisch zu sein. Es betrifft ihre allgemeine Neigung, stets das letzte Wort haben zu müssen. Verbietet der Vater z. B. bei Tisch das provozierende Tellerklappern einem seiner Kinder, dann kann er sicher sein, dass dieses Kind mindestens noch einmal nachklappern wird. Diese Gewohnheit treibt nicht wenige Erwachsene zur Weißglut, weil sie als herausfordernder Ungehorsam erlebt wird. Die Erklärung ist recht einfach: Das Kind unterwirft sich, aber nur teilweise und nicht auf der Stelle. Im Umkehrverfahren bestimmt es selbst den Schlusspunkt und sichert sich so einen Rest an Überlegenheit. Allein schon dieses kleine Beispiel ist ein schwer zu widerlegender Beweis für eine schon im frühen Kindesalter einsetzende Umkehrbereitschaft, die fast bei j e d e m Kind anzutreffen ist.

Das destruktive Potenzial historisch betrachtet

Wem dieses Beispiel zu dürftig erscheint, der sehe sich um in der Weltgeschichte. Es ließe sich ja auch einwenden, das Umkehrprinzip könne doch unmöglich so schädlich sein, wenn wir ihm letztlich ein Leben im Luxus verdanken. Oberflächlich besehen stimmt das natürlich. Allerdings bleiben wir mit dieser Einschätzung der von Erich Fromm charakterisierten Haben-Mentalität verhaftet und leugnen den hohen Preis, den wir dafür bezahlen: die Folgen für das Klima, die rücksichtslose Ausbeutung der Bodenschätze, die Artenschnitte und Umweltgifte, die weltweite Armut und Ungerechtigkeit sowie die materialistische Ausrichtung unseres Lebens. Die zwanghafte Fixierung aufs Ökonomische, auf Besitz, Karriere und Wohlstand macht uns blind für die Kosten, die diese Lebensweise zur Folge hat.

Die Weltgeschichte zeigt über die Jahrtausende hin in einem erschreckenden Ausmaß das destruktive Potenzial des Umkehrprinzips, sei es im Orient oder im Okzident, in China, Indien, Ägypten, im Römerreich, im Mongolen- oder im Zarenreich, bei den Azteken oder im Gebaren der Kolonialmächte. Die wir die »Großen« nennen, sind allesamt beinharte Vertreter eines tödlichen Umkehrprinzips gewesen. Nach dem Fall des monatelang belagerten Tyros hat Alexander der Große tausend der Verteidiger kreuzigen lassen. Karl der Große hat ihm nicht nachgestanden und an einem einzigen Tag Tausende Sachsen enthaupten lassen, weil sie sich weigerten, das Christentum anzunehmen. Ich zeige euch, wer hier das Sagen hat. Und willst du nicht mein Bruder sein, dann schlag ich dir den Schädel ein. Friedrich der Große hat Zigtausende auf seinen Schlachtfeldern verheizt. Bei Napoleon waren es Hunderttausende. »Ein großer Verzehr an Menschen«, pflegte er zu murmeln, wenn er hinterher von seinem weißen Paradepferd herunter das Schlechtfeld besichtigte.

In den beiden Weltkriegen wird dann nur noch in Millionen

gezählt. Die Obergangster des zwanzigsten Jahrhunderts denken in großen Dimensionen. Da zählt ein Menschenleben wenig und wütet das Umkehrprinzip gegen alles Missliebige. Da werden sechs Millionen Juden vergast und slawische Untermenschen ausgemerzt; da sterben im *Archipel Gulag*, den Solschenizyn ganz im Sinne eines perfekt gehandhabten Umkehrprinzips genauestens beschrieben hat, Millionen an Hunger, Entkräftung und Hoffnungslosigkeit. Immer brauchen die Großen der Weltgeschichte den großen Terror zur Durchsetzung ihres Personenkults. Da waren selbst die führenden Sowjets im Kreml von den Socken, als Mao ihnen beiläufig erklärte, dass in einem Atomkrieg ruhig die Hälfte seines Volks draufgehen dürfe. Das wachse ja wieder nach.

Und immer pflegen sie den Größenwahn, die Pharaonen, die Cäsaren und Großmoguln, benötigen eine protzige Aufmerksamkeitskultur, um ihren göttlichen Rang zu betonen und damit ihre Untergebenen einzuschüchtern. Hitlers Endsieg-Hauptstadt Germania war von Speer an der Grenze des statisch möglicherweise Unmöglichen geplant. Dazu die größten Panzer, Geschütze, Armeen, Reichsparteitage, Lichtdome, Atlantikwälle, Bunker und Todeslager. Die Raffgier ist unersättlich und immer geht es um die Unterwerfung ganzer Völker und die Auslöschung jahrtausendealter Kulturen. Der Terrorismus im Stile des IS hat durchaus beispielgebende Vorläufer. Immer geht es um Macht und Unterwerfung, um eine erbarmungslose Unterdrückung der Schwächeren. Weil sich jedoch niemand gern versklaven lässt, sind die unterdrückten Massen bestrebt, selbst nach oben zu kommen, mit welchen Mitteln auch immer.

Der Marxismus hat dem Umkehrprinzip mit dem Begriff des Klassenkampfes einen zentralen Platz eingeräumt in seiner Theorie des historischen Materialismus (Histomat). Die materialistische Geschichtsschreibung sieht die bewegende Kraft aller wichtigen gesellschaftlichen Abläufe in der ökonomischen Entwicklung. Seit der Auflösung der Urgesellschaft bewegt sich die Geschichte in Klassengegensätzen und Klassenkämpfen, die bestimmt sind von Produktions-, Besitz- und Austauschverhältnissen.

Das von Marx und Engels verfasste *Kommunistische Manifest* (1848) beginnt mit den Worten:

>»Die Geschichte aller bisherigen Gesellschaft ist die Geschichte von Klassenkämpfen. Freier und Sklave, Patrizier und Plebejer, Baron und Leibeigener, Zunftbürger und Gesell, kurz, Unterdrücker und Unterdrückte standen in stetem Gegensatz zueinander, führten einen ununterbrochenen, bald verstecken, bald offenen Kampf, einen Kampf, der jedesmal mit einer revolutionären Umgestaltung der ganzen Gesellschaft endete oder mit dem gemeinsamen Untergang der kämpfenden Klasse.«

Auf den Untergang der feudalen Gesellschaft folgt der Aufstieg der Bourgeoisie mit zwei sich zunehmend in feindliche Lager spaltenden Klassen: der Bourgeoisie und dem Proletariat. Der Arbeiterklasse gehört die Zukunft, sie hat eine historische Mission zu erfüllen.

Mit der Theorie des Klassenkampfes hat der Marxismus das Umkehrprinzip als geschichtsmächtige Kraft in die Diskussion eingeführt und es wissenschaftlich untermauert. Er hat jedoch die den Klassenantagonismen entspringenden weltgeschichtlichen Umkehrprozesse nicht psychologisch abgeleitet, sondern aus den materiellen Verhältnissen. Nach meiner Kenntnis gibt es bis heute keine genuin marxistische Psychologie, die einen Rückgriff auf die bürgerliche überflüssig machen würde.

Marx erklärt den sich im 19. Jahrhundert verschärfenden Klassengegensatz aus dem ungleichen Besitz von Produktionsmitteln, aus der Akkumulation des Kapitals und der Aneignung des Mehrwerts durch die Kapitalisten. Inzwischen ist offenkundig, dass der Marxismus bzw. der real existierende Sozialismus nicht zuletzt an der Vernachlässigung psychischer Bedürfnisse und Verhaltensweisen gescheitert ist. Das Konstrukt des Klassenkampfes war fürs 19. Jahrhundert tauglich, ist jedoch heute obsolet geworden und verschleiert die Dynamik des Umkehrprinzips eher, als dass es dadurch aufgedeckt würde.

An den geschichtlichen Beispielen wird das destruktive Potenzial des Umkehrprinzips besonders sinnfällig. Jede Machtausübung hat Unterdrückung zur Folge. Das Herrschen braucht Beherrschte. In einem mehr oder weniger verschleierten Akt muss der Widerpart geschwächt oder ohnmächtig gehalten werden. Dies führt zu einem unablässigen Zirkel von Gewalt und Gegengewalt. In einem herrschaftsfreien Raum ist das Umkehrprinzip nicht denkbar. Vertrauen und symmetrische Beziehung, Selbstgenügsamkeit und kreatürliche Achtsamkeit sind ihm fremd.

Seine schrecklichste Ausprägung hat das Umkehrprinzip in der NS-Barbarei erfahren. Machtbesessen und von einem krankhaften Ehrgeiz getrieben, steigt Hitler in nur wenigen Jahren vom asozialen Wiener Postkartenmaler zum mächtigsten Despoten Europas und zum »GRÖFAZ« auf, zum Größten Feldherrn aller Zeiten. Die Massen, ausgeblutet durch einen mörderischen Krieg, durch Hunger und die Spanische Grippe, durch Inflation und Massenarbeitslosigkeit, berauschen sich identifikatorisch an diesem beispiellosen und buchstäblich vielversprechenden Demagogen, steigen doch nun mit einem Mal die erniedrigten Massen auf zu arischen Herrenmenschen, denen die Welt von morgen gehören soll. »Die Schmach von Versailles« mausert sich im kollektiven Größenwahn und Machtrausch eines ganzen Volkes (ohne Raum!). Millionen werden zum Resonanzboden und Instrument eines fanatischen Aufstiegswillens. Im Umkehrverfahren inszeniert der Tyrann nun die Schmach seiner eigenen Erziehung im Terror der Todesfabriken seiner Konzentrationslager. Am Ende ist Deutschland wieder ganz unten: Fünfzig Millionen Tote, eine Kulturnation in Schutt und Asche, belastet mit der Schuld des Völkermordes und der Demütigung eines erneut verlorenen Weltkriegs.

Da diese machtversessenen Polarisierungen den in der Natur vorherrschenden zyklischen und synergetischen Prozessen und ökologischen Vernetzungen widersprechen, ist die destruktive Wirkung des Umkehrprinzips in der weltweiten Umweltverwüstung am offenkundigsten. Hier wird auch sichtbar, dass das Umkehrprinzip wesentlich durch eine Verleugnung der kreatürlichen menschlichen Begrenzungen und Abhängigkeiten verursacht ist. Obwohl der Mensch existenziell von kosmischen, evolutionsgeschichtlichen, genetischen, biologischen und sozialen Vorgaben bestimmt wird, die sich weitgehend seinem Einfluss entziehen, gebärdet er sich als autokratischer Souverän der Schöpfung, greift in technokratischer Anmaßung rücksichtslos in sie ein, kehrt das Abhängigkeitsverhältnis um und testet seine Macht bis an die Grenze der ökologischen Katastrophe aus.

Die Ausübung des Umkehrprinzips ist stets mit einer Veräußerlichung verbunden. Das ist an der Geschichte des Christentums zu sehen. Im Umkehrverfahren wandelt sich die anfangs verfolgte Christengemeinde, die sich in der Nachfolge Jesu als Anwalt der Armen und Schwachen verstand und daraus ihre Glaubenskraft und moralische Stärke bezog, zur päpstlichen Machtkirche des Mittelalters, zu einer Kirche der Kreuzzüge und Ketzerverfolgung, luxurierender Renaissancepäpste sowie des Hexenwahns und der Gegenreformation. Der Verweltlichung entsprach ein Verlust an Glaubenssubstanz, wie sie sich etwa (höchst verdächtig) in Franz von Assisi oder in der Mystik eines Meister Eckhart verkörperte. Das Beispiel der katholischen Kirche zeigt zugleich die erstaunliche Langzeitwirkung des Umkehrprinzips und seine vielfältige Camouflage.

Die Veräußerlichung ist deshalb zwangsläufig mit dem Umkehrprinzip verbunden, weil alle Umkehrprozesse darauf hinauslaufen, die eigene Schwäche nach außen zu verlagern, um sie loszuwerden. Die Dynamik des Umkehrprinzips verläuft also nicht nur von unten nach oben, sondern auch von innen nach außen, ist zentrifugal statt zentrierend, externalisierend, wie die Psychologen sagen. Sie vermeidet den Weg nach innen,

118

das Annehmen der eigenen Schwäche. Menschen, die das Umkehrprinzip charakterlich verfestigt haben, wirken nicht zentriert. Sie ruhen nicht in sich selbst, haben sich nicht gefunden. Die Veräußerlichung macht sie hart und uneinfühlsam. Häufig zeigt sich das in charakterlichen und muskulären Panzerungen, vergleichbar martialischen Ritterrüstungen. Sie spalten ihre negativen Persönlichkeitsanteile ab und verlagern sie auf andere. Sie satteln ihr drückendes Gepäck den Mitmenschen auf und prahlen hinterher mit ihrem flotten Gang. Sie verstehen nur die Sprache des Umkehrprinzips, verwechseln Liebe mit sentimentaler Schwäche und Einfühlung mit Gefühlsduselei. Nicht zufällig strotzen die Geschichtbücher vor einer unablässigen Folge von Kriegen, Zerstörung und Massenschlächtereien durch die Jahrtausende hindurch. Historisch betrachtet ist die destruktive Wirkung des Umkehrprinzips unbestreitbar.

Und evolutionsgeschichtlich besehen?

Hat das Umkehrprinzip die Evolution des Menschen befördert? War es eine notwendige Voraussetzung, um dessen Höherentwicklung voranzutreiben? Schließlich ist dieses Monster nicht vom Himmel gefallen und schon in der Vor- und Frühgeschichte der Menschheit archäologisch nachweisbar, vor allem an Schädelverletzungen, die nur durch Gewalteinwirkung zu erklären sind. Entscheidend für die Beantwortung dieser Fragen ist die enorme Plastizität des Menschen, seine mangelnde Instinktgebundenheit. Sie befähigt ihn, dank seiner außerordentlichen Anpassungsfähigkeit, im Urwald Amazoniens genauso zu überleben wie im Hochland Tibets, als Nomade in den großen Wüstenregionen der Erde oder als Eskimo in arktischen Breiten.

Diese Plastizität des Menschen wird ermöglicht durch eine verfrühte Geburt, die eine Reifung des Gehirns unter Umweltbedingungen ermöglicht, durch einen Mix der genetischen Ausstattung mit sehr frühen kulturellen Einwirkungen. Sie ist ein Danaergeschenk der Evolution. Denn diese Formbarkeit und instinktreduzierte Anpassungsfähigkeit lässt die frühesten Umwelteinwirkungen höchst bedeutsam werden für das Gelingen oder Misslingen der Reifungsprozesse und wird so ausschlaggebend für den weiteren Lebensweg.

Wie ausführlich gezeigt, verweist das Umkehrprinzip in analytischen Kindertherapien und im üblichen Verhalten und Spiel der Kinder eindeutig auf lebensgeschichtliche Zusammenhänge und auf den Ursprung im Eltern-Kind-Verhältnis. Es erscheint dort unübersehbar in einem sozialen Kontext, dem Beziehungserleben des Kindes entsprechend. Formal erfolgt dieses Umkehrverfahren in allen Situationen gleich, nach dem Grundsatz, das passiv Erlittene aktiv zu bewältigen. Doch lässt sich hinsichtlich der Intensität und der inhaltlichen Ausgestaltung dieser Umwandlung stets ein erhellender Bezug zur jeweiligen Familiendynamik herstellen. Er zeigt, dass das vom Kind praktizierte Umkehrverfahren reaktiv gegen eine zu seinem Nachteil erzieherisch missbrauchte Auslegung der Grundstruktur (Riesen/Zwerge) verstanden werden kann, als Widerstand gegen den Selbstverlust.

Bei flüchtigem Hinsehen könnte man das Umkehrprinzip tatsächlich als Ausdruck vitaler Energien und eines gesunden Selbstbehauptungswillens verstehen. Als eine der Entropie und der Gravitation entgegenwirkende Kraft, die den aufrechten Gang des Homo erectus ermöglicht, das Überleben sichert und das Streben nach Höherem befördert. Hat nicht immer wieder über die Jahrtausende hin die Willenskraft entschlossener Herrscher den Zivilisationsprozess vorangetrieben und zukunftsweisende kulturelle Leistungen hervorgebracht, die schlussendlich den Luxus unserer Gegenwart ermöglicht haben?

Die Frage ist schwer zu beantworten, weil wir nicht sagen können, wie alternative Weltentwürfe ausgesehen hätten. Nach zwei fürchterlichen Weltkriegen und dem Völkermord an den Juden, nach Stalins Archipel Gulag und Maos Menschenverschleiß ist der Fortschrittsbegriff fragwürdig geworden. Zu hoch ist der Preis der damit verbundenen Umweltzerstörung und der inneren Verarmung in Zeiten digitaler Cyberwelten. Im Umkehrverfahren hat sich der Mensch in technokratischer Hybris aus seiner kreatürlichen Abhängigkeit befreit und sich zum rücksichtslosen Herrscher über die Natur erhoben, bis an den Rand der ökologischen und waffentechnischen Katastrophe.

Und: Was sich zunächst als Befreiungsakt des Kindes mithilfe des Umkehrprinzips erweist, als Notwehr gegen erzieherische Übergriffe, wird im weiteren Verlauf zu einer ernsten Gefahr für die Entwicklung der Heranwachsenden, wenn wie nicht alsbald wieder aus Verhaltensweisen herausfinden, die der Logik des Umkehrprinzips folgen.

Daher ist das Umkehrprinzip nicht biophil (lebensbejahend), sondern in vielfacher Hinsicht nekrophil (lebensverneinend). Es setzt stets die Schwächung eines Gegenpols voraus und ist daher letztlich ohne vitale Kraft. Der Überlegenheitspol stürzt sofort in sich zusammen, wenn ihm der stabilisierende Gegenpol entzogen wird. Auffällig ist, wie schnell viele Eltern im Verlauf einer Behandlung in die Klemme kommen, wenn ihr Kind in der Therapie Fortschritte macht und sich aus den Poblemkind-Zuschreibungen befreit. In seiner technokratisch-naturbeherrschenden Ausprägung ist das Umkehrprinzip der Moderne eine Ausgeburt des Industriezeitalters und weltweit zum größten Feind des Kreatürlichen geworden. Es zerstört die Atmosphäre, lässt die Gletscher schmelzen, dezimiert die Tier- und Pflanzenwelt, verseucht die Meere, Böden und Flüsse, vergiftet die Nahrung und droht, in einem Super-GAU oder einem Atomkrieg alles Leben auszulöschen.

Zweifellos haben sozialdarwinistische Überzeugungen den Aufstieg der modernen Industriegesellschaften sehr befördert. Das Umkehrprinzip hat dabei als Selektionsinstrument gewirkt und den Prozess vorangetrieben. Doch diese Entwicklung hat an den Rand einer globalen Katstrophe geführt. Auschwitz, arische Herrenmenschen, fünfzig Millionen Kriegstote, Hiroshima, die anhaltende Ausbeutung der Dritten Welt und eine globale Umweltgefährdung lassen die These von der lebenserhaltenden Funktion sozialdarwinistischer Konzepte heute ebenso absurd wie zynisch erscheinen, zumal sie als zeittypische Ideologie eines chauvinistischen Manchester-Kapitalismus erscheinen. Am Ende des 19. Jahrhunderts war in wissenschaftlichen Kreisen die Ansicht durchaus salonfähig, dass Kriegen die wichtige Aufgabe zukomme, im Kampf das Minderwertige auszusondern und nur die Mutigsten und Edelsten überleben zu lassen, sodass durch ein solches »Blutbad« die Erbmasse eines Volkes gereinigt und aufgebessert werde.

Die exzessive Anwendung des Umkehrprinzips zerstört nicht nur die natürlichen Grundlagen unseres Lebens, es richtet auch in den Familien und Schulen, in Partnerschaften, im Berufsleben und in der Politik erhebliche Schäden an. Es erzeugt und festigt Herrschafts- und Ausbeutungsverhältnisse, Veräußerlichung und Prozesse der Fremdbestimmung zum Nachteil der Mitmenschlichkeit und der Liebesfähigkeit. Sein Hang zur

Destruktivität hat unser geschichtlicher Streifzug gezeigt. Der Nationalsozialismus hat das Umkehrprinzip bislang am konsequentesten auf allen Ebenen durchexerziert - mit grauenhaften Folgen. In den zwölf Jahren des »tausendjährigen« Reiches wurde das Umkehrprinzip bis ins Extreme gesteigert: Stalingrad, Auschwitz und am Ende ein rauchendes europäisches Trümmerfeld.

Gegen die Annahme einer evolutionsgeschichtlich determinierten Bereitschaft zum Umkehrprinzip spricht, dass es nicht nur einzelne Menschen und Gruppen gibt, die es nicht praktizieren, auch Naturvölker, bei denen es im Eltern-Kind-Verhältnis und im Gemeinschaftsleben nicht oder nur rudimentär zu beobachten ist. Erinnert sei hier lediglich an das oft lange Gestillt- und Getragenwerden der Babys bei manchen dieser zurückgezogen lebenden Völker, das wegen des intensiven Köperkontakts in besonderer Weise Gefühle der Geborgenheit und des Urvertrauens befördert.

Das Umkehrprinzip ist also kein phylogenetisch überkommenes Instinktverhalten, sondern ein kulturhistorisches Phänomen, das mit der technokratischen Ausrichtung der modernen Industriegesellschaften aufgewachsen ist und entsprechende Reaktionsbereitschaften ausgebildet hat, die sozio-ökonomisch und erzieherisch laufend reproduziert werden. Das Umkehrprinzip ist eindeutig ein individual- und sozialpsychologisches Phänomen ohne eine spezifisch biologische Verwurzelung.

Evolutionsbiologisch hat es im Hinblick auf eine naturverbundene Anpassung des Menschen versagt. Es hat unseren Planeten an den Rand einer ökologischen Katastrophe gebracht und sich damit selbst disqualifiziert. Eine biologische Komponente mag bestenfalls, wie erwähnt, ganz allgemein in der enormen Plastizität des Homo sapiens gesehen werden sowie in dessen Selbstbehauptungswillen und seinem aktiven Zugriff auf die Welt, um überleben zu können. Auch die Annahme eines angeborenen Aggressionstriebes ist inzwischen von der experimentellen und klinischen Psychologie widerlegt, oder doch zumindest in Frage gestellt.

Die Aufhebung der Instinktgebundenheit des Menschen ist eine Chance, zivilisatorisch die Humanität zu befördern. Sie birgt jedoch auch die Gefahr in sich, dass die Menschheit die natürlichen Abhängigkeitsverhältnisse umkehrt und der Versuchung zum Missbrauch ihrer Intelligenz und Macht erliegt, zumal im Zeitalter eines schier unbegrenzten technischen Fortschritts. Das Umkehrprinzip leistet dazu einen fatalen Beitrag.

Naheliegende Analogien aus der tierischen Verhaltensforschung, wie etwa das Dominanzverhalten der Alpha-Tiere, das Imponiergehabe oder Spielarten der Revierbehauptung zeigen stets einen wichtigen Unterschied: Sie sind instinktgebunden und arterhaltend, also evolutionsgeschichtlich den entsprechenden Ökosystemen angepasst, während das Umkehrprinzip in freier psychischer Varianz erscheint und dadurch zahllose Möglichkeiten des Missbrauchs bietet.

Wenn nun aber das Umkehrprinzip im Wesentlichen eine Folge der menschlichen Plastizität ist, dann ist auch das Prinzip selbst dieser Formbarkeit unterworfen. Das heißt: So, wie es in die Welt gekommen ist, kann es daraus auch wieder verschwinden. Da es ein zivilisatorisches Monstrum ist, liegt es an uns, wie wir damit umgehen. Das nachfolgende Sündenregister ist erschreckend lang. Es zeigt jedoch, dass es zahlreiche Ansatzpunkte für positive Veränderungen bietet.

Checkliste für Umkehr-Freaks

Die kollektive Verseuchung, die das Umkehrprinzip anrichtet, ist vor allem möglich, weil es gesellschaftlich in der Verdrängung gehalten wird und nur unzureichend beforscht wird. Aus den genannten Gründen entzieht es sich der bewussten Wahrnehmung und ist daher in seinen inneren und äußeren Zusammenhängen bislang nicht ausreichend erkannt.

Das größte Ruinenfeld finden wir in uns selbst. Es birgt unsere verschüttete Kindheit - eine Kindheit, beschädigt vom Umkehrprinzip, das Eltern und Erzieher von frühester Lebenszeit an am Kind ausgelebt haben. Tief vergraben liegt die Mumie des inneren Kindes, des wahren Selbst. Sie bewahrt die ungelebten Möglichkeiten, die Wünsche, Bedürfnisse und Schmerzen, die ungeweinten Tränen, Schrecken und Demütigungen. Dieses zerschundene Kind wird schon frühzeitig von uns zum Schweigen gebracht. Das Ruinenfeld wird überbaut, als ob nichts gewesen wäre. Aus dieser verleugnenden Überbauung resultiert ein ständiges Nachdrängen des Umkehrprinzips in unzähligen Variationen, um die Verdrängung sicherzustellen, wie die folgende Auflistung zeigt. Verräterische Anzeichen sind:

- **Projektionen, Abspaltungen der eigenen Schwäche auf andere**
- **ein ausgeprägtes Geltungs- und Überlegenheitsstreben**
- **Rivalität, Konkurrenzstreben**
- **Überheblichkeit, anmaßendes Auftreten**
- **der Hang, Unterordnungen zu befördern und zu genießen**
- **nonverbale Arroganz (herabsetzende Körpersprache)**
- **anderen gewohnheitsmäßig den Willen aufzwingen wollen**
- **herabsetzende Vorurteile über andere Menschen**
- **Ressentiments (gefühlsmäßige Abneigung)**
- **kontraphobisches Verhalten, um eigene Ängste zu überspielen**
- **Masochismus, in der Größe des Erduldens alle übertreffen wollen**
- **narzisstische Fehleinschätzung durch Idealisierung und Entwertung**

- Feindbilder (Projektionen des Selbsthasses und eigener Schwächen)
- unersättliche Besitz- und Konsumgier
- ein autoritärer Erziehungsstil in der Familie
- technokratisches Denken, Machermentalität
- die Rache des kleinen Mannes
- Sexismus (Ausbeutung der Frau als Sexualobjekt)
- sexuelle Verweigerung der Frau (Lysistrata-Strategie)
- Rekordsucht, exzessiver Hochleistungssport
- gewollter Notendruck in der Schule
- die Institution Schule als systematisierte Fremdbestimmung
- Beziehungsschaukel (Ich bin okay, Du bist nicht okay)
- Hackordnungen (nach oben buckeln, nach unten treten)
- Helden- , Sieger- und Herrschaftsposen
- Orden, Titel, Herrschaftsinsignien
- Hofzeremonien, Kleiderordnungen, Rangabzeichen
- kollektive Missachtung der Kindheit und innerer Kindesmord
- Klassenkampf (Ausbeuter und Ausgebeutete)
- Kasten, Feudalherrschaft, soziale Klassen, soziale Distinktion
- Führer- und Starkult, Guru-Gebaren (der Größte ü b e r der Masse)
- Drogensucht (A u f putschen, Betäubung des Schwächepols)
- Machismo, gesellschaftlich verfestigter Männlichkeitswahn
- Bürokratien, Karriereleitern
- Monarchien, Aristokratien, Oligarchien, Gottesgnadentum
- Faschismus, Stalinismus, Maoismus
- Rassismus und Rassenwahn (Überlegenheit des eigenen Blutes)
- Terrorismus (eine Minderheit versucht die Mehrheit zu beherrschen)
- Terror-Regime (Unterdrückung der Massen durch eine Machtclique)
- Folter und Todesstrafe (Herren über Leben und Tod)
- Geschlechterkampf
- religiöse Intoleranz, Zelotentum (Produktion von Ketzern)
- Chauvinismus (völkischer Überlegenheitswahn)
- Revanchismus (der Besiegte wird zum Sieger von morgen)
- Wettrüsten, Militarismus (Feindbilder)
- Ausbeutung der Dritten Welt, (Neo-)Kolonialismus
- Beherrschung der Naturkräfte, insbesondere der Kernenergie
- Wachstums-Fetischismus (Verleugnung der kreatürlichen Grenzen)
- globale Umweltzerstörung (Umkehr der natürlichen Abhängigkeit)
- Gentechnologie (Beherrschung der Evolution)

Die Liste ist keineswegs vollständig. Sie gibt jedoch einen Eindruck, in welch verheerendem Ausmaß das Umkehrprinzip sein Unwesen treibt und unser Leben bestimmt. Nur wenn es uns gelingt, die unzähligen Manifestationen des Umkehrprinzips in einem schlüssigen Zusammenhang zu verstehen, sind Veränderungen möglich. Die Fragmentierung der Phänomene, ihre Herauslösung aus dem vernetzten Ganzen, ist sowohl Ausdruck als auch Ergebnis der individuellen und gesamtgesellschaftlichen Verdrängung und zugleich Garant für die Aufrechterhaltung seiner Abspaltung.

Wie mehrfach betont, ist das Verwunderlichste am Umkehrprinzip, dass es seit jeher in seinen einzelnen Erscheinungen erkannt, beschrieben und verurteilt, jedoch meines Wissens noch nie im hier aufgezeigten Zusammenhang gesehen wurde. Der Grund ist denkbar einfach: Er d a r f nicht gesehen werden. Denn die Erkenntnis würde schmerzhaft und kränkend die eigene Selbst-Entfremdung und eine belastende Kindheit ans Licht bringen. Die Vielzahl der Umkehr-Manöver, von der die Liste einen Eindruck gibt, zeigt den enormen Aufwand, der betrieben wird, um alle möglichen Schwächepole zu meiden. Die Fragmentierung garantiert die Wirksamkeit dieser Mühen, zerreißt jedoch das lebensgeschichtliche Narrativ. Erst wenn es wiederhergestellt wird, ist eine Begegnung mit unserem wahren Selbst möglich, Dann erst kann das Umkehrprinzip aufgehoben, oder doch zumindest erheblich abgeschwächt werden.

Allerdings geht es nicht nur um psychische Einstellungen. Ebenso wichtig sind die materiellen Zustände. Wie sind die Machtverhältnisse weltweit einzuschätzen? Der weltbekannte Psychologe und Evolutionsbiologe Steven Pinker kommt in seinem monumentalen Werk *Gewalt. Eine neue Geschichte der Menschheit* (dt. 2011 bei S. Fischer), das den Verlauf unserer Zivilisation von den Anfängen bis in die jüngste Zeit hinein aufarbeitet, zu dem erstaunlichen Ergebnis, dass die Welt trotz aller manifesten Gewalt, gemessen am Bevölkerungswachstum, noch nie so friedlich wie heute gewesen ist.

Seine wissenschaftlich belegten Analysen reichen von archaischen Menschenopfern und dem Verprügeln der Frauen und Kinder bis zu den beiden Weltkriegen, dem systematisch durchgeführten Völkermord der NS-Zeit und den zahlreichen Konflikten der Gegenwart. Trotz entsetzlicher Blutbäder und Unmenschlichkeiten sieht Pinker in der Neuzeit der westlichen Welt unumkehrbare Fortschritte: die Aufklärung und Abschaffung der Sklaverei, die Ächtung der Blutrache, der Folter und der Todesstrafe, das Verbot der Kinderarbeit, die UN-Erklärung der Menschenrechte, Rechtsstaatlichkeit, Gewaltenteilung und garantierte Freiheitsrechte, die Trennung von Staat und Kirche, das internationale Völkerrecht, globale Handelsverflechtungen, weltweite Friedens- und Abrüstungsbemühungen, ökologische Bewegungen und Naturschutz, veränderte Einstellungen zur Erziehung, flache Hierarchien in den Arbeits- und Ausbildungsverhältnissen, die Gleichberechtigung der Geschlechter, die Entkriminalisierung der Homosexualität und anderes mehr. Diese neuen Befriedungs- und Zivilisationsprozesse ermöglichen eine weniger gewalttätige Welt. Jede dieser Errungenschaften »sollte einen Weg darstellen, auf dem räuberisches Verhalten, Dominanzstreben, Rachedurst, Sadismus oder Ideologie durch Selbstbeherrschung, Mitgefühl, Moral oder Vernunft überwunden wurden«, resümiert Pinker optimistisch.

Vielleicht werden diese Auswüchse des Umkehrprinzips eines fernen Tages tatsächlich auf der ganzen Welt überwunden sein. Doch sie sind es noch lange nicht. Allzu stark ist immer noch der Drang des Menschen, andere zu beherrschen und ihnen überlegen zu sein. Zweifel sind angebracht. Die globalen Macht- und Ausbeutungsverhältnisse, die terroristischen Exzesse, das gewaltige Rüstungsaufkommen, die gigantischen digitalen Umtriebe der Geheimdienste, der Kampf der Kulturen, die massenhafte Migration sowie die weltweit grassierenden reaktionär-fundamentalistischen Bewegungen werden das Umkehrprinzip wohl eher befördern als schwächen. Noch ist es kein Auslaufmodell.

Unterhaltsames Ende der Story in einer Cafeteria, lesenswert als zusammenfassender Crashkurs, insbesondere für widerborstige Umkehr-Junkies

In der Stadt begegne ich Nora, einer Paartherapeutin, die ich seit Jahren kenne und schätze. Sie weiß, dass ich an einem Buch arbeite und spricht mich darauf an.

»Sag mal, du brütest doch grade deine neueste Entdeckung aus. Wie hieß die noch mal? Irgendwas mit Umkehr. «

»Richtig. Das Umkehrprinzip. Eine zeitlos taugliche Wunderwaffe.«

»Wow, klingt cool. Und worum geht es da genauer? Ich hab da zwar aufgrund meiner therapeutischen Arbeit eine gewisse Vermutung. Aber nichts Genaues weiß man nicht. Darf ich es erfahren?. «

»Ja, schon. Allerdings nur unter zwei Bedingungen. «

»Und die wären? «

»Dass du erst dann Gebrauch von meinem Umkehrprinzip machst, wenn es als Buch erschienen ist, und dass wir uns dazu erst mal hier in die Cafeteria setzen. «

»Okay, einverstanden. «

Bei einer Tasse Kaffee lege ich los.

»Also: Das Umkehrprinzip besagt, dass eine Situation, die mit Angst, Schwäche, Hilflosigkeit, Unterlegenheit, Schmerz oder Beschämung verbunden ist, in eine gegensätzliche Position verkehrt wird, die das Erleben von Stärke und Überlegenheit, Macht, Kontrolle, Selbstzufriedenheit und sozialer Anerkennung ermöglicht. Es geht dabei ganz wesentlich um eine Aufwärtsbewegung, sowohl im subjektiven Erleben als auch in der üblichen sozialen Einschätzung, um eine Stärkung der eigenen Position, um einen Switch vom Minus- zum Pluspol, verbunden mit einer Minderung der Angst und einer Aufbesserung des Selbstwertgefühls. Es ist eine nahezu unbegrenzt einsetzbare

Bewältigungsstrategie, die es ermöglicht, mit schwer erträglichen Unterlegenheitsgefühlen klarzukommen.«

»Hast du mal ein Beispiel?«

»Beispiele gibt es zuhauf. Nimm nur mal die Kindertherapien. Im Spiel wollen die Kids ständig die Überlegenen sein, die Bestimmer und die allseits Bewunderten, Stars und Helden, Chefs und Supermodels, allmächtige Könige und strahlende Prinzessinnen, Rollen, in denen sie obenauf sind und das Sagen haben. Oder ein Beispiel von gestern: Da kommt einer aus eigenem Verschulden viel zu spät in die Stunde, läutet Sturm und beschwert sich lautstark, wie lang es dauert, bis da mal die Tür aufgeht.«

»Und außerhalb der Behandlungen?«

»Im Alltagsleben hundertfach und jederzeit. Da zieht ein Möchtegern in den eigenen vier Wänden vor seiner Frau ängstlich den Schwanz ein, um dann am Stammtisch große Reden zu schwingen und über die blöden Weiber herzuziehen. Oder nimm nur all die verhinderten Alphatiere, die sich lebenslang aufplustern und es anderen zeigen müssen, um die eigene Unfähigkeit zu überspielen. Folgerichtig sitzen sie dann später mal – dem Umkehrprinzip getreu männlich dominiert – an den Schalthebeln der Macht und programmieren die Welt von Morgen mit technokratischem Sachverstand, alles andere als taoistisch, werden machtbesessene Politiker, karrieregeile Wirtschaftsbosse, vom Ehrgeiz getriebene Wissenschaftler, technische Fachidioten, scheinheilige Kirchenobere, Halbgötter in Weiß, aufgeblasene Staranwälte, zählen zur High Society und zum Jetset, sind Leute, die skrupellos Macht über andere ausüben und in den eigenen vier Wänden ihre Überlegenheit in Zimmerschlachten beweisen müssen. Da Frauen bei diesem Spiel in aller Regel die Verlierer sind, reagieren sie nun ihrerseits mütterlich-wohlmeinend ihren Frust an den Kindern ab. In der großen Politik ist das Umkehrprinzip an der Tagesordnung. So gut wie jeder Schurkenstaat betreibt eine aggressive Außenpolitik, um von inneren Schwächen abzulenken. In aller Regel läuft dieses Spiel auf ei-

Selbsterhöhung zulasten anderer hinaus.«

»Ist ja eigentlich logisch. Wer fühlt sich schon gern klein und schwach.«

»Eben. Nimm nur mal die Geschichte der sozialen Bewegungen: Pausenlos geht es da von unten nach oben. Oder die deutsch-französische Erbfeindschaft: von Napoleon bis zum Ende des Zweiten Weltkriegs ein ständiges Auf und Ab. Mal ist der eine oben, dann wieder der andere. Das Umkehrprinzip als Dauerzustand. Natürlich auch die Hitlerei. Herrenrasse und Untermenschen. Dieser ganze Krampf eines arischen Größenwahns.«

Nora scheint beeindruckt zu sein.

»Erst neulich«, kommt ihr, »ist mir etwas passiert, das auch zu deinem Umkehrprinzip passt. Da nimmt mir doch so ein Trottel brutal die Vorfahrt, fährt mir fast ins Auto, aber statt sich zu entschuldigen, springt er raus und brüllt mich an, ich wäre viel zu schnell gefahren. Was überhaupt nicht gestimmt hat.«

»Das Umkehrprinzip, wie es leibt und lebt. Wenn man es am eigenen Leib erfährt, versteht man es sofort. Im Studium hab ich mal in einem Reihenhaus in Untermiete gewohnt. Da ist es derart kleinkariert zugegangen, dass mir die Alte sogar den Verbrauch von Klopapier vorgehalten hat.«

»Was? Und das hast du dir gefallen lassen?«

»In dieser Hinsicht war ich einiges gewohnt. Für die Kleine, um die es geht, war's schlimmer. Die war zwischen drei und vier und ist den ganzen Tag geschurigelt worden. Und was macht sie? Geht stramm ins Umkehrprinzip und hat nun ihrerseits alles Mögliche an der mangelnden Ordnung in meiner Bude auszusetzen. Und siehe da: Schon ist sie obenauf.«

»Sag mal, es gibt doch auch Redewendungen, die das meinen, zum Beispiel: *Den Spieß umdrehen* oder *aus der Not eine Tugend machen.*«

»Genau. Auch als Warnung: *Wehe, wenn der kleine Mann aufs Ross kommt!*«

»Oder: *Angriff ist die beste Verteidigung.*«

131

»Stimmt. Der Spruch trifft es eigentlich am besten. Den Beweis dafür hat mir mal die Polizei höchstpersönlich geliefert.«

»Was, die Polizei?«

»Ja. Die hab ich in einem kritischen Augenblick mit dem Umkehrprinzip regelrecht in die Flucht geschlagen.«

»Wie geht das denn?«

»Da wollte ich von München aus per Anhalter zu meiner damaligen Freundin in der Nähe von Marburg. Alles lief ausgezeichnet, doch dann hat mich einer bei Karlsruhe dummerweise im Autobahnzubringer abgesetzt. Ich steh noch nicht lange, da kommt auch schon eine Zivilstreife mit nicht weniger als vier Bullen angefahren und droht mir im Wiederholungsfall mit einer Anzeige.«

»Wieso, ist das im Zubringer verboten?«

»Ja sicher.«

»Und dann?«

»Als sie weg waren, hab ich mich wieder hingestellt. Ein paar Minuten später seh ich sie zum zweiten Mal daherkommen und mit überhöhter Geschwindigkeit auf mich zuschießen, so schnell in ihrer Wut, dass sie mich fast auf die Motorhaube verladen hätten. Da hab ich sie lautstark zusammengeschissen und die haben sich doch tatsächlich entschuldigt und von einer Anzeige abgesehen.«

»Wow!« Erneut scheint Nora beeindruckt zu sein. »Sag mal, die Beziehungsschaukel bei rivalisierenden Paaren geht doch auch in diese Richtung. Das hab ich schon in vielen Stunden beobachtet. Einer von beiden muss ständig oben sein. Je schlechter es der Frau geht, desto besser fühlt sich der Mann.«

»Und umgekehrt.«

»Ja klar. Ziemlich verrückt das Ganze. Alles kreist um Macht und Überlegenheit. Meint die Individualpsychologie nicht das Gleiche? Der Adler hat es doch ständig mit der Kompensation von Minderwertigkeitsgefühlen, mit dem Geltungsstreben oder, wie Nietzsche, mit dem Willen zur Macht. Das ist doch eigentlich auch so etwas wie ein Umkehrprinzip.«

»Stimmt. Allerdings sind das für die Individualpsychologie

ausnahmslos neurotische Lebensentwürfe, krankhafte Kompensationsversuche. Wer sich schwach und unterlegen fühlt, der neigt zur Grandiosität. Mein Verständnis des Umkehrprinzips geht von einer wesentlich breiteren, einer allgemein menschlichen Geltung aus. Der Schlüssel liegt in der Kindheit. Die allermeisten Menschen, nicht nur Neurotiker, praktizieren es. Viele gewohnheitsmäßig, bewusst oder unbewusst. Tagtäglich floriert es allerorten, in den Familien wie im öffentlichen Leben. Wenn man genauer hinsieht, scheint es allgegenwärtig zu sein.«

»Warum hat es dann die Psychoanalyse noch nicht erkannt? Der Freud war doch sonst so schlau.«

»In *Jenseits des Lustprinzips* kommt er kurz darauf zu sprechen. Da beobachtet er seinen kleinen Neffen beim Spiel und betont die allgemeine Neigung der Kinder, sich bei peinlichen Erlebnissen, die sie passiv über sich ergehen lassen müssen, in eine aktive Rolle zu bringen, ihre allgemeine Neigung, sich zu Herren der Situation zu machen. Dort schreibt er sogar, dass mit dieser Wendung von der Passivität des Erlebens in die Aktivität des Spiels einem anderen Kind dann oft das Unangenehme zugefügt wird, was dem Kind selber widerfahren ist. In meinen Behandlungen ist das Umkehrprinzip ständig zu beobachten. Wenn ein Kind operiert werden muss, kann ich dir schon im Voraus sagen, was es spielen wird, wenn es hinterher wieder in die Stunde kommt.«

»Die Operation. Und jetzt ist das Kind der Doktor.«

»Logo. Haut mir aufs Hirn, damit ich betäubt bin, und säbelt mir höchst sadistisch alles Mögliche aus dem Bauch. Vertauschte Rollen. Jetzt ist das Kind am Drücker.«

»Und warum hat der Freud das nicht in seine Theorie eingebaut?«

»Weil er es triebdynamisch im Horizont der Sexualität verstanden hat. An anderer Stelle bringt er diesen Schwenk von der Passivität zur Aktivität mit der Bisexualität zusammen, der relativen Stärke männlicher und weiblicher Strebungen im Kind.«

»Und die Psychoanalyse?«

»Die kennt halt den Abwehrmechanismus der Identifikation mit dem Aggressor.«

»Geht doch in die Richtung deines Umkehrprinzips: die Identifikation mit Macht und Stärke.«

»In die Richtung schon. Aber wieder ist es zu kurz gegriffen und lediglich ein Abwehrmechanismus unter vielen. Dazu nicht mal der Wichtigste. Wesentlich öfter geht es in der Theorie und Kasuistik um Verdrängungen, Projektionen oder Reaktionsbildungen. Außerdem ist der Vorgang wieder nur pathologisch verstanden und noch dazu einseitig auf die Aggression fokussiert.«

»Dann hast du da etwas entdeckt, was nicht mal Freud herausgefunden hat«, kichert Nora.

»Sieht ganz danach aus. Und deshalb schreibe ich das Buch.«

»Demnach etwas total Negatives.«

»Im Ergebnis schon. Jedenfalls der genaue Gegensatz zum Taoismus. Es geht nicht um Achtsamkeit, Toleranz, Nachgiebigkeit oder Einfühlung, sondern um Macht, Stärke, Härte, Gefühlskälte, Rücksichtslosigkeit, Rache, Überlegenheit und Unterdrückung. Was letztlich dabei herauskommt, ist menschenverachtend: vom Alltagsfaschismus bis zum stalinistischen Terror. Klassenkampf und Rassenwahn, Lenins, Maos und Pol Pots Menschenverschleiß, dem Führerkult der großen Spinner, Auschwitz, der Idiotie von Herren- und Untermenschen, Kindern, hart wie Kruppstahl und dieser ganze Scheiß des Kalten Krieges, der Aufrüstungsspirale und der Overkill-Kapazitäten. Der *Archipel Gulag* von Solschenizyn ist eine wahre Fundgrube für Abartigkeiten des Umkehrprinzips als Inbegriff aller Terrorsysteme, genauestens beschrieben die Psychogramme und Methoden.«

»Und was lässt sich daran ändern? Kann ich etwas tun dagegen?«

»Schon. Zunächst sich selber den Vorgang bewusst machen und das Umkehrprinzip möglichst nicht praktizieren, Projektionen zurücknehmen, Macht- und Gewaltverzicht, Toleranz, Rücksichtnahme, Achtsamkeit.«

»Und im größeren Rahmen, politisch?«

»Nicht mitmachen, sich nicht verführen lassen, Widerstand leisten. Wie beim Tai-Chi. Mit wachen Sinnen wahrnehmen und ausweichen, ohne davonzulaufen. Spätestens dreiunddreißig hat die Katastrophe bei uns angefangen mit der blinden Begeisterung, dem allgemeinen Machtrausch. Buddha, Laotse und Jesus sind in meinen Augen vorbildliche Vertreter des Umkehrverzichts. Auch Gandhi auf seine Art. Versuche gab und gibt es immer wieder, das Umkehrprinzip wenigstens ansatzweise auszuhebeln: bei den Friedensbewegten, den Grünen, bei Feministinnen, sofern sie eine Geschlechterdemokratie befürworten, in spirituellen Bewegungen sowie in manchen reformpädagogischen Konzepten. Denkt mal einer in Abrüstungskategorien, dann rüttelt er an den Grundfesten des Umkehrprinzips. Das Wu-wei ist höchst verdächtig. Für meinen Geschmack ist das *Tao Te King* die beste Gebrauchsanleitung für eine Aufweichung des Umkehrprinzips.«

»Dann bin ich ja auf dem richtigen Weg mit meinem Tai-Chi. Aber warum dein Umkehrprinzip eine allgemeingültige Allerweltsstrategie sein soll, versteh ich noch nicht so recht.«

»Zunächst mal ist es wohl so etwas wie eine anthropologische Konstante. Das Bestreben, allem, was nach unten zieht, aus Gründen der Selbsterhaltung entgegenzuwirken: dem Tod, der Entropie, der Vergänglichkeit, dem Verfall, der Vernichtung und Unterdrückung – eine in der Evolution angelegte elementare Überlebenskraft.«

»Dann ist es doch eigentlich etwas Gutes und nicht nur destruktiv.«

»Im Ansatz schon und insoweit unvermeidlich und auch lebenserhaltend. Die entscheidende Frage ist jedoch, wie dieses Umkehrverfahren zwischenmenschlich gehandhabt wird. Ob zulasten anderer oder nicht. Auch ein Taoist setzt sich mit dem Tod, der Vergänglichkeit und der Macht auseinander. Aber er praktiziert wesentlich humanere Lösungen als diese destruktiven Umkehr-Freaks. Die Sozialisation ist der springende Punkt. Mit dem üblichen Problem: Was kommt zuerst, Ei oder Henne? Die Gesellschaft oder der Einzelne?«

»Und wie siehst du es?«

»Eins bedingt das andere. Die gesellschaftlichen Verhältnisse

135

sind seit jeher fest im Umkehrprinzip verankert, eingeschworen auf Macht, Unnachgiebigkeit, Härte und Kontrolle. In diese Welt wird jedes Kind hineingeboren. Die Erziehung als Vermittlungsagentur. Nehmen wir mal ein Neugeborenes. Es hat Eltern, die längst schon im Umkehrprinzip beheimatet sind, umso mehr, je schlimmer ihre eigene Kindheit gewesen ist. Sie haben gelernt, aus jeder Schwäche eine Stärke zu machen, sich nie mehr unterbuttern zu lassen, sind gewohnt, den Spieß umzudrehen und das Gesetz des Handelns zu behalten. Die Erziehung der eigenen Kinder bietet dazu die beste Gelegenheit. Sie sind klein, schwach, abhängig und in vielerlei Hinsicht unterlegen. Bis in die Pubertät hinein sitzen die Eltern am längeren Hebel, fühlen sich überlegen, wissen, wo's langgeht, unterstützt durch eine aufs Umkehrprinzip festgelegte Umwelt, die bereits im Kindergarten und in der Schule wirkungsvoll zulangt und entsprechend verinnerlicht wird. Den Kindern bleibt gar nichts anderes übrig, als sich in diese vorprogrammierte Umkehrwelt einzufügen. Da sorgt allein schon der mehr oder weniger sanfte Druck der Erziehung und der Verschulung dafür.«

»Und die Trotzphase? Die wäre dann, so gesehen, der erste Protest gegen diese Vereinnahmung.«

»Genau. Und leider nicht selten der letzte. Freud hat ja beobachtet, dass dieses Umkehrverfahren noch vor dem dritten Lebensjahr in Gang kommt. Bei meinem Examensfall, diesem kleinen Boxweltmeister, von dem ich dir mal erzählt habe, war das Umkehrprinzip zum Zeitpunkt der Einschulung bereits in voller Blüte.«

»Und was sind die Nachteile fürs Kind?«

»Die Nachteile? Dass es systematisch aus seinem wahren Selbst herausgetrieben wird.«

»Und warum?

»Weil es lernt, sich über Gebühr anzupassen, auf Kosten der Spontaneität, eines authentischen Fühlens und Denkens und seiner Beziehungsfähigkeit, bis es schließlich bei einem falschen Selbst angelangt ist und sich nicht mehr richtig spüren kann. Auch mit der Kreativität ist es dann in aller Regel vorbei.«

»Die Lust am Umkehrprinzip als eine Art Ersatzbefriedigung.«

»Du sagst es.«

»Und in der Pubertät dreht sich dann die ganze Geschichte.«

»Genau. Bis zur Pubertät halten die Eltern den Machtpol besetzt und legen das Kind, bewusst oder unbewusst, zwingend oder mit sanfter Einflussnahme, auf den Schwächepol fest. Die Kinder reagieren darauf mit Anpassung oder Auflehnung, je nachdem, oder auch symptomatisch: mit Verhaltensauffälligkeiten, innerem Rückzug oder anhaltendem Trotz, versuchen, gegen den erzieherischen Druck anzugehen oder ihn mit allerhand Tricks zu unterlaufen. Doch der Kampf ist ungleichgewichtig. Letztlich sind die Zwerge immer schwächer als die Riesen. Sie haben keine realistische Chance, den Stärkepol auf Dauer gegen die Erwachsenen einzunehmen, solange sie noch von ihnen abhängig sind. Erst der pubertäre Ablösungsprozess führt zu einer dramatischen Wende und kehrt nun das sadomasochistisch gefärbte Machtverhältnis um. Die Kinder waren gelehrige Schüler des Umkehrprinzips, das ihnen jahrelang vorexerziert worden ist. Jetzt werden sie selbst zu Experten. In der Kindheit ist das Umkehrprinzip Notwehr, ab der Pubertät wird es zur bewussten Strategie.«

»Ich hab nie so recht verstanden, warum viele der Heranwachsenden ihre Eltern mit klammheimlicher Freude tyrannisieren.«

»Das ist mir nicht anders gegangen. Erst vor dem Hintergrund des Umkehrprinzips macht es Sinn. Genüsslich wird nun die wachsende Unabhängigkeit ausgekostet, die körperliche Stärke, die jugendliche Attraktivität und Potenz, der Wissenszuwachs und der sich erweiternde Aktionsradius. Zwangsläufig geraten jetzt die Erwachsenen selbst ins Minus, und weil sie nicht das *Tao Te King* gelesen und keine Ahnung davon haben, dass das Schwache letztlich stärker als das Harte und Starre ist, fühlen sie sich hilflos, überflüssig, alt und wertlos. Das Umkehrprinzip fängt an, auf ihre Kosten in den Kindern weiterzuwirken. Jetzt liegt die Zukunft bei den Heranwachsenden. Sie

137

machen sich zielstrebig ans Werk, das neu gewonnene Terrain im Sinne des Umkehrprinzips abzusichern und die Stellung auszubauen. Und wenn sie später selbst mal Kinder haben, geht es wieder von vorne los.«

»Klingt recht überzeugend und in sich stimmig. Eigentlich ist alles ganz logisch und ja auch ständig zu beobachten. Da wundert man sich, dass noch niemand draufgekommen ist.«

»In einzelnen Aspekten natürlich schon. Längst schon und tausendfach. Nur im Gesamtzusammenhang offenbar nicht, soweit ich das beurteilen kann.«

»Und warum nicht?«

»Wahrscheinlich, weil es dabei um tief gehende individuelle und kollektive Verdrängungen geht. Jeder Einzelne versucht, seine belastende Kindheit zu vergessen. Kommt das innere Kind mal in Träumen zum Vorschein, dann ist es halb tot, blind, taub, stumm, verkrüppelt, eingefroren, verschüttet oder sonst wie beschädigt. Daher auch die Kindheitsamnesie. Wer erinnert so etwas schon gern? Die Verdrängungsschranke ist offensichtlich auch der Grund, warum das Umkehrprinzip in der Fachliteratur zwar auffällig oft anklingt, jedoch nie im Zusammenhang gesehen wird. Als wäre es vom Bewusstsein abgespalten.«

»Das zeigt doch eigentlich, wie schlimm in der Kindheit die ständige Unterlegenheit erfahren wird.«

»So ist es. Und weil so gut wie jeder dieses beschädigte innere Kind unbewusst unter Verschluss hält, ergibt das in der Summe eine erstaunlich große kollektive Blindheit. Jede Zeit bildet sich ein, ein ganz normales Verhältnis zur Kindheit zu haben und nur das Beste zu wollen. Auch unsere Zeit hat ihren blinden Fleck.«

»Darüber haben wir auf der Party ja schon mal gesprochen.«

» Inzwischen befinden wir uns eine Erkenntnisstufe höher.«

»Oder tiefer im Unbewussten«, kichert Nora etwas schrill. »Schon wieder denken wir in diesen blöden Oben-unten-Polaritäten.«

»Stimmt. Aber immerhin merken wir es.«